Fußball – Standardsituationen in Training und Spiel

Gerhard Frank

FUSSBALL

Standardsituationen in Training und Spiel

Meyer & Meyer Verlag

Die Deutsche Bibliothek - CIP Einheitsaufnahme

Frank, Gerhard:
Fußball - Standardsituationen in Training und Spiel / Gerhard Frank;
- Aachen : Meyer und Meyer, 2001
ISBN 3-89124-699-4

© 2001 by Meyer & Meyer Verlag, Aachen,
Olten (CH), Wien, Oxford, Québec, Lansing/Michigan,
Adelaide, Auckland, Johannesburg, Budapest
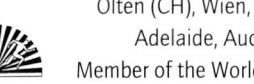
Member of the World Sport Publishers' Association (WSPA)
Titelfoto: Sportpressefoto Bongarts, Hamburg
Fotos: Hans-Jürgen Becker, Elkerhausen
Grafiken: Gerhard Frank
Umschlaggestaltung: Birgit Engelen, Stolberg
Lithos, Umschlag- u. Satzbelichtung: frw, Reiner Wahlen, Aachen
Lektorat: Dr. Irmgard Jaeger, Aachen
Druck: Druckpunkt Offset GmbH, Bergheim
Printed in Germany
ISBN 3-89124-699-4
E-Mail: verlag@meyer-meyer-sports.com

Inhalt

Vorwort

Die Qualität eines guten Fußballspiels hängt nicht nur vom Spieltempo, der Kreativität oder von der Dynamik der Einzelaktionen ab, sondern wird auch im Wesentlichen von der raffinierten und exakten Ausführung von Standardsituationen bestimmt.

Fasst man die Ergebnisse der Europameisterschaft 2000 zusammen, so kann festgestellt werden, dass gerade bei den Standardsituationen wie Einwurf, Eckball, Freistößen und anderen, immer wiederkehrenden Spielsituationen Kreativität und Spontaneität nur äußerst selten zu beobachten waren.

Ursache dafür könnte sowohl die mangelnde Kreativität der ausführenden Spieler als auch die technische Unfertigkeit der eingesetzten Spieler sein. Selbst technisch hochstehende Mannschaften wie Italien, Portugal oder auch Frankreich, blieben in der Ausführung ihrer Standardsituationen eher einfallslos, wenig kreativ und raffiniert.

Gerade hier sollte der Trainer schon im Training ansetzen, um neue Möglichkeiten der Ausführung zu entwerfen und systematisch einüben zu lassen.

Spontanes Handeln soll damit nicht verhindert werden, sondern soll zielgerichtet gesteuert werden. Kreativität und Einfallsreichtum sind gefordert, um dann im Spiel wirkungsvoll eingesetzt zu werden.

Aufgabe dieses Buches ist es daher, nach neuen Lösungsmöglichkeiten zu suchen um den angesprochenen Teams und Trainern Hilfestellungen an die Hand zu geben.

Deshalb sollte schon im Jugendbereich auf allen Spielebenen eine fantasievolle Schulung einsetzen, damit Standardsituationen einen größeren Wert erhalten.

Mein besonderer Dank gilt dem Verlag Meyer & Meyer, seinem Lektoratsteam, sowie meinem Freund und Leica-Fotografen Hans-Jürgen Becker.

Noch eine Anmerkung: Aus lesetechnischen Gründen wird die geschlechtsneutrale Formulierung im Text benutzt.

Gerhard Frank

1 Einleitung

Spielentscheidende Szenen entstehen nicht selten durch raffiniert ausgeführte Standardsituationen. Sie sind oft ein beliebtes taktisches Mittel, um sich Spielvorteile zu verschaffen.

In der Regel sind kreative, technisch versierte Spielertypen an der Ausführung beteiligt, um die eigene Mannschaft aus einer misslichen Situation zu befreien oder aber vor einem Rückstand zu bewahren. Doch meistens werden die Vorteile, die sich aus Standardsituationen ergeben können, leichtfertig aufs Spiel gesetzt, weil sie nicht oder nur unzureichend beherrscht und im Training nicht genügend trainiert werden.

Vor allem in unteren Amateurvereinen bietet sich selten die Möglichkeit, Standardsituationen in den Trainingsplan mit aufzunehmen. Zeitliche Gründe, aber auch mangelnder Kenntnisstand bei Trainern und Übungsleitern führen zu einer Vernachlässigung der Standardsituationen in Training und Spiel.

Analysiert man die Bundesligaspiele einer ganzen Saison im Hinblick auf die Ausnutzung der Standardsituationen als taktisches Mittel, dann gelangt man zu dem Schluss, dass nur ein geringer Teil der ausgeführten Standardsituationen zum Torerfolg und Matchgewinn führt.

Die Erfolgsquote, die sich aus Standardsituationen nach den Untersuchungen von LOY (in: Fußballtraining 9/97 und 10/97 „Mit Standardsituationen zum Erfolg") ergibt, liegt bei 28,1% aller erzielten Treffer (s. Kapitel 3 „Was sind Standardsituationen?").

Daraus kann geschlossen werden, dass immer noch ein großer Anteil an ungenutzten Kapazitäten besteht, der sich nur durch ein systematisches Training von Standardsituationen verbessern lässt.

Bereits in der Jugend sollte großes Augenmerk auf die kreative Ausnutzung von Standardsituationen gelegt werden: Gerade Jugendliche und Kinder können im Training und im Spiel kreative Lösungsmöglichkeiten entwerfen, die immer wieder geübt, automatisiert werden und damit für ein ganzes Fußballerleben vorhanden sind. Auf diese Weise entsteht ein breites Repertoire an Standardsituationen, die sich effektiv im Wettkampf einsetzen lassen.

Jugendliche Fantasie und Einfallsreichtum bilden deshalb eine exzellente Basis, um Standardsituationen im Training sinnvoll zu trainieren.

Der Kreativität sind nur durch die Spielregeln eindeutige Grenzen gesetzt; ansonsten bleibt viel Raum für eine technisch und taktisch anspruchsvolle Ausführung.

Die Aufgabe der Trainer auf allen Ebenen und Leistungsklassen besteht darin, dafür zu sorgen, dass die technische Qualität des Fußballs wieder mehr in den Mittelpunkt des Spiels gerückt wird.

Gerade die EURO 2000 hat deutlich gezeigt, dass vor allem im deutschen Fußball ein großes Defizit an technischen und taktischen Qualitäten besteht, was sich letztlich auch im Ausscheiden nach der Vorrunde deutlich bemerkbar gemacht hat. Kreativität, Fantasie, technische Perfektion müssen wieder zu Maximen auf deutschen Fußballplätzen werden.

Durch Standardsituationen zum sportlichen Erfolg zu kommen, ist leichter, als bisher angenommen wurde. Man muss die Jugend nur rechtzeitig darauf vorbereiten!

2 Strukturanalyse des Spiels

Um die eigentliche Problematik der Standardsituationen zu beschreiben, ist es notwendig, vorher eine exakte Analyse des Fußballspiels zu machen.

Vergleicht man das Fußballspiel mit anderen Sportspielen, so fällt auf, dass in den 90 Minuten Spielzeit viel weniger Treffer erzielt werden als z.B. im Basketball, Handball oder im Volleyball. Die Möglichkeit, frühzeitig in Führung gehen zu können, um damit ein Spiel für sich zu entscheiden, ist im Fußball weitaus geringer, allein durch die Größe des vorgegebenen Spielfelds.

Ein zählbarer Erfolg in den Anfangsminuten bedeutet in den anderen Sportarten weitaus weniger als im Fußball. Deshalb kann es für eine Mannschaft fatal sein, wenn sie in den Anfangsmomenten eines Spiels in Rückstand gerät.

Der frühe Torerfolg einer Fußballmannschaft muss nicht gleichbedeutend mit dem Spielgewinn sein, andererseits kann eine Mannschaft exzellenten Fußball in zwei Halbzeiten präsentieren, ohne damit auch logischerweise das Spiel zu gewinnen.

Ein großer Torvorsprung kann im Fußball ebenso wettgemacht werden wie ein Rückstand ohne weiteres aufgeholt werden kann.
Die psychische Stabilität eines Teams zeigt sich gerade in der Fähigkeit, unmögliche Spielstände in Kürze zu korrigieren.

Nicht selten erlebt man immer wieder, dass ein Spiel kippt, sei es durch persönliche Einzelfehler, z.B. ein Eigentor eines Abwehrspielers oder durch die geschickte Ausführung eines Freistoßes. Individuelle Fehler, aber auch Stärken können dem Spiel eine ungeahnte Wendung geben und so das erhoffte Ergebnis auf den Kopf stellen.

Aus- bzw. Einwechslungen beeinflussen ein Spiel positiv und negativ, da der eingewechselte Spieler dem Spiel entscheidende Impulse geben kann.
Verletzungen, Ermahnungen und Platzverweise wirken sich sehr stark motivierend, aber auch deprimierend auf die betroffene Mannschaft aus.

Spielentscheidend können auch Stimmungen der Zuschauer und Fans sein. Die Einflussnahme des Schiedsrichters auf das Spiel besitzt eine enorme Bedeutung, ist es doch wichtig, dass der Referee das Spiel souverän und sicher leitet.

Die körperliche Fitness stellt einen wichtigen Faktor in der Beurteilung einer Spielleistung einer Mannschaft dar. Nicht selten gewinnt das körperlich robustere Team das Match, obwohl es spieltechnisch bisher unterlegen war.

Das Zusammenspiel und die Harmonie in einer Mannschaft sowie die psychische Stabilität der einzelnen Mannschaftsmitglieder ist sehr oft ausschlaggebend für Erfolg oder Misserfolg.

Die individuellen technischen und taktischen Fähigkeiten der Spieler können zum richtigen Zeitpunkt das entscheidende Plus für das Endergebnis sein.
Die technischen Fertigkeiten und Fähigkeit im Spiel mit und ohne Ball prägen die Qualität und die Dynamik eines Spiels.

Die Summe aller Einzelleistungen in Angriffs- und Abwehrverhalten einer Mannschaft ergibt letztendlich einen positiven oder negativen Spielverlauf.
In der Beurteilung, welche technischen, taktischen und konditionellen Fähigkeiten ein Spieler besitzen muss, um erfolgreich zu sein, kann man ganz allgemein davon ausgehen, dass der heutige Fußballer universell begabt sein sollte.
Durch das hohe Spieltempo wird ein Spielertyp gefordert, der diesen Technikanforderungen, also Beidfüßigkeit, Athletik und taktischem Verständnis, entspricht.

Moderne Spielauffassung zeichnet sich dadurch aus, dass jeder Spieler praktisch auf jeder Position spielen können muss, ohne weniger Leistung zu zeigen. Die Flexibilität eines technisch und taktisch gut geschulten Spielers drückt sich im adäquaten Spielverhalten während der 90 Minuten aus.
Das Anforderungsprofil, das an einen modernen Fußballspieler gestellt wird, verlangt zum einen die allgemeinen körperlichen Fähigkeiten, zum anderen aber auch die unterschiedlichen fußballspezifischen Komponenten.

Mit Ausnahme des Torwarts müssen an alle Feldspieler die gleichen Anforderungen, die ein schnelles, technisch anspruchsvolles Spiel ausmachen, gestellt werden.

Die Position des Torwarts ist aber nur deshalb exponiert, da er der einzige Spieler im Team ist, der den Ball mit der Hand innerhalb seines Strafraums spielen darf. Dennoch sollte der Torwart über eine gut ausgebildete Schuss- und Passtechnik verfügen, damit er, bei Rückpässen auf sein Tor, den Ball sicher in den eigenen Reihen hält und sofort das neue Aufbauspiel einleitet. Die Feldspieler sind, wenn sie flexibel und kreativ geschult sind, auf gleichem Leistungsniveau zu behandeln, unabhängig davon, ob ein Spieler mehr im Abwehrbereich, im Mittelfeld oder im Angriff eingesetzt ist. Die Forderung nach Variabilität und Austauschbarkeit der Spielpositionen untereinander muss für die Zukunft massiv gestellt werden.

Diese Neuorientierung setzt natürlich konditionelle, technische und taktische Perfektion voraus. In wesentlichen Ansätzen konnte dies bereits bei der EURO 2000 bei den Mannschaften Frankreichs, Portugals, der Niederlande und Italiens beobachtet werden.

Um diese Fähigkeiten und physischen Eigenschaften intensiv zu trainieren, muss zunächst erläutert werden, welche konditionellen, spieltechnischen und taktischen Anforderungen an den modernen Fußballspieler gestellt werden.

Allgemeine sportliche Fähigkeiten	Fußballspezifische Fähigkeiten
Ausdauer – aerobe und anaerobe Ausdauer	Spielausdauer (90 Minuten), Kurzzeitausdauer durch Sprints, Zweikämpfe, Kopfballduelle, Kehrtwendungen mit und ohne Ball, Stopps mit und ohne Ball, Doppelpässe, Abwürfe, Paraden, Fausten, Dribblings.
Kraft Maximalkraft	Krafttraining mit Hilfe von Gewichtswesten beim Kopfball-, Torwarttraining. Krafttraining an Maschinen als Rehamaßnahmen.
Schnellkraft	Sprints mit und ohne Ball, Kopfballduelle, Stopps mit und ohne Ball, Hechtsprünge, Paraden, Abwürfe, Fausten, Kehrtwendungen mit und ohne Ball, Einwürfe, Dribblings.

Kraftausdauer	Stehvermögen über 90 Minuten bei schweren Böden (Schlamm, Matsch, Schnee), bei Spielzeitverlängerung.
Schnelligkeit Reaktionsschnelligkeit	Blitzschnelle Reaktion auf sich plötzlich ändernde Spiel- und Bewegungssituationen mit und ohne Ball/mit und ohne Gegenspieler (Zweikämpfe, Laufduelle, Kopfballzweikämpfe, Sprints, Stopps, Tacklings, Dribblings).
Flexibilität (passive und aktive Beweglichkeit in den Gelenken)	Extreme Beweglichkeit im Fußgelenk beim Vollspannstoß. Volle Beweglichkeit im Hüftgelenk beim Hüftdrehstoß, beim Tackling, Kopfball-Beweglichkeit im Hüftbereich beim Dribbling mit plötzlichen Richtungswechseln. Beweglichkeit im Rumpf- und Hüftbereich beim Torwart, beim Hechten, beim Fangen im Sprung und bei gegnerischer Behinderung.
Koordination (Zusammenspiel von Muskeln und Nervensystem innerhalb eines bestimmten Bewegungsablaufs) Bewegungspräzision Bewegungsökonomie Bewegungsantizipation (Vorwegnahme)	Beherrschung von sich dauernd ändernden Spielsituationen durch sichere Bewegungsabläufe mit und ohne Ball und mit und ohne Gegenspieler. Präzises Passspiel unter Bedrängung durch einen Gegenspieler. Erfolgreicher Torschuss unter Behinderung durch einen oder mehrere Gegenspieler. Richtiges Timing bei der Ballannahme in hohem Lauftempo. Schnelles und überraschendes Lösen vom Gegenspieler bei Anspiel durch einen Mitspieler.

Tab. 1

Die psychischen Eigenschaften und Fähigkeiten, die vom modernen Fußballspieler während des Spiels verlangt werden, sollen kurz dargestellt werden.

Die ständig wechselnden Spielsituationen, die sich aus einem technisch und taktisch anspruchsvollen Spiel mit hohem Lauftempo und Passfolgen ergeben, fordern einen Spielertyp, der diesen enormen Belastungen über 90 Minuten und länger standhalten kann. Jeder Spieler eines Teams besitzt aber eine andere Persönlichkeitsstruktur mit unterschiedlichen Verhaltensweisen und individuellen Erwartungshaltungen. Für das gesamte Teamwork ergeben sich daraus verschiedene psychische Belastungen, die vom Trainer beachtet und koordiniert werden müssen.

Taktisches Handeln und psychische Eigenschaften sind eng miteinander verbunden.
Nur der Spieler, der psychisch stabil und ausgeglichen ist, kann in der Hektik des Spiels Übersicht und klaren Kopf behalten und taktische Aufgaben zufrieden stellend im Interesse des Teams lösen.

Psychische Verfassung ist immer auch gekoppelt an die unterschiedlichen Charaktereigenschaften, die ein Mensch von Natur aus besitzt.
Die wichtigsten Wesensmerkmale sollen hier kurz als positive und negative Eigenschaften beschrieben werden.

Positive Charaktereigenschaften	Negative Charaktereigenschaften
temperamentvoll	träge, antriebsarm
willensstark	willensschwach
gewissenhaft	oberflächlich, unzuverlässig
verantwortungsbewusst	verantwortungslos
gelassen	reizbar
sensibel	unsensibel
aufgeschlossen	kontaktscheu
kritisch	unkritisch
selbstsicher	unsicher
spontan	unflexibel
fantasievoll	fantasiearm
extrovertiert	introvertiert
teamfähig	unkameradschaftlich
erfolgsorientiert	nicht erfolgsorientiert

Tab. 2

Natürlich wünscht sich jeder Trainer, dass seine Spieler möglichst viele der oben angeführten positiven Persönlichkeitsmerkmale besitzen, um sie für das gesamte Team zu nutzen.

Je stabiler diese positiven Eigenschaften bei den einzelnen Mannschaftsmitgliedern ausgeprägt sind, umso wahrscheinlicher ist die Erfolgsgarantie.

In der Realität treffen dagegen die unterschiedlichsten Charaktere mit vielfältigen Eigenschaften und Motivationsstrukturen aufeinander. Die Summe der positiven und negativen Eigenschaften der einzelnen Mannschaftsmitglieder ergibt so die psychische Belastungsfähigkeit des Teams.

Bei der Bildung und Einstellung des Teams muss der Trainer also sorgfältig auswählen, um spieltechnisch und spieltaktisch eine gute Mischung zu finden, die sowohl kreativ als auch diszipliniert und stressstabil agiert. Dieser Prozess braucht genügend Zeit, um einen langfristigen Erfolg zu garantieren.

Die Erfahrung hat gezeigt, dass die Mischung von unterschiedlich veranlagten Spielern nicht selten auch zu außergewöhnlichen Erfolgen und Leistungen führt.

Gerade bei EM- und WM-Turnieren wird immer wieder deutlich, wie wichtig eine gute Mischung mit möglichst vielen positiven Charakteren ist.

Die entscheidenden Impulse für ein erfolgreiches Spiel ergeben sich aus den unterschiedlich ausgeprägten Motiven und Bedürfnissen der einzelnen Spieler.

Die Aufgabe des Trainers besteht darin, diese Motive bei jedem einzelnen Mannschaftsmitglied zu wecken und zu fördern.

Motivationen ergeben sich sowohl aus den anerzogenen als auch aus den persönlichen Erfahrungen und nicht zuletzt aus der individuellen Disposition.

Motive entstehen aus der Bedeutung von Normen und Werten, die der Spieler verinnerlicht hat. Sind diese Normen nur unzureichend ausgeprägt, so ergeben sich unterschiedliche Handlungserwartungen, die das Ergebnis eines Spiels sehr stark beeinflussen können.

Diese Motive und Bedürfnisse bilden einen elementaren Faktor, Leistungen auf verschiedenen Ebenen zu erreichen. Die Leistungen, die sich aus den unterschiedlichen Motiven und Ansprüchen ergeben, werden von der Gesellschaft und dem Zuschauer unterschiedlich beurteilt und honoriert.

Die Spieler empfinden Lob und Tadel der Zuschauer auf unterschiedliche Art und Weise, jeweils entsprechend ihrer momentanen psychischen Disposition.

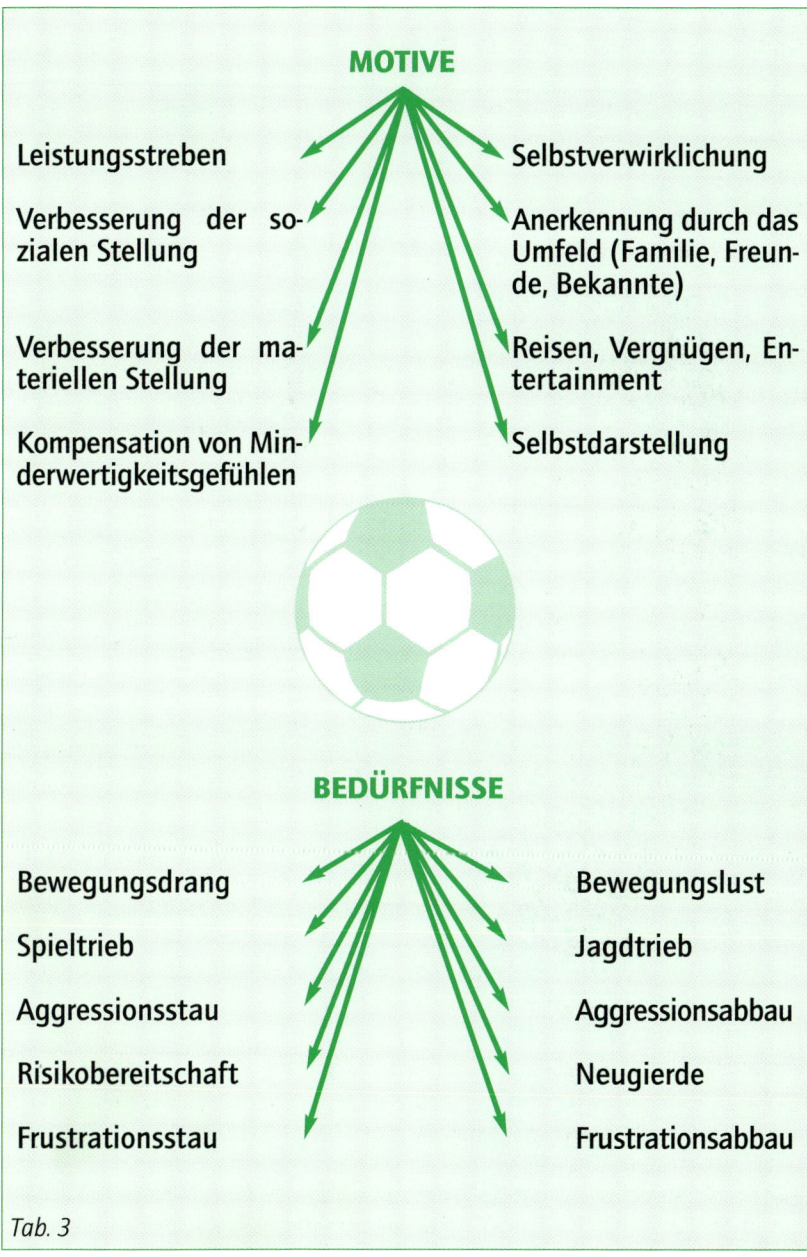

MOTIVE

Leistungsstreben	Selbstverwirklichung
Verbesserung der sozialen Stellung	Anerkennung durch das Umfeld (Familie, Freunde, Bekannte)
Verbesserung der materiellen Stellung	Reisen, Vergnügen, Entertainment
Kompensation von Minderwertigkeitsgefühlen	Selbstdarstellung

BEDÜRFNISSE

Bewegungsdrang	Bewegungslust
Spieltrieb	Jagdtrieb
Aggressionsstau	Aggressionsabbau
Risikobereitschaft	Neugierde
Frustrationsstau	Frustrationsabbau

Tab. 3

Die Leistung, die das Team erbringt, unterliegt in unserer Gesellschaft sehr starken Bewertungsschwankungen und ist nicht selten von aktuellen Modetrends abhängig.

Die gesamte Medienlandschaft trägt dazu bei, Meinungen und Stimmungen gegen einzelne Spieler, Teams und Trainer positiv und negativ zu lancieren.

Die psychische Belastbarkeit einer Mannschaft hat deshalb einen großen Stellenwert in der Bewertung einer Spielleistung bekommen.

Die psychische Stabilität eines Mannschaftsgefüges drückt sich in der Fähigkeit aus, Spielrückstände, Ausfälle von wichtigen Mitspielern und nicht zuletzt Niederlagen schnell und problemlos zu verkraften.

Der so oft beschworene Teamgeist lässt sich jedoch nicht von außen aufstülpen, sondern festigt und fördert sich am besten durch gemeinsame Siege und Erfolgserlebnisse!

Dass taktische Disziplin und Kreativität sich nicht gegenseitig ausschließen müssen, hat die EURO 2000 am Beispiel von Italien und Frankreich deutlich bewiesen.

Esprit und taktische Disziplin haben beide Teams ins Endspiel gebracht.

Welche taktischen Möglichkeiten ein Team entwickeln kann, hängt in erster Linie von den zu Verfügung stehenden Spielern ab. Kreativ und technisch begabte Spieler, wie sie die Franzosen, Niederländer und Portugiesen besitzen, sind von ihrem Naturell her eher dazu geeignet, Variabilität, Einfallsreichtum und Originalität im Spiel und insbesondere bei Standardsituationen zu entwickeln.

Taktisches Handeln setzt aber nicht nur die hier genannten Fähigkeiten voraus, sondern basiert ebenso auf einer sachlichen Analyse des Spielgeschehens, dem gegnerischen Verhalten, dem aktuellen Spielstand, den äußeren Gegebenheiten sowie der personellen Besetzung.

Für die Analyse der taktischen Handlungen sind Motivation, Konzentration und eine reiche Spielerfahrung notwendig.

Kognitive (gedankliche, intellektuelle) Fähigkeiten zur Entwicklung von systematischen Lösungsmöglichkeiten sind ebenso wichtig.

Ruhe, Selbstsicherheit, Ausstrahlung, Risikofreude und Spielwitz bilden wichtige Faktoren, die die taktische Einstellung eines Teams erleichtern.

Die technischen Fertigkeiten und Fähigkeiten einer Mannschaft erhöhen das Maß an taktischer Variabilität. Je größer das technische Potenzial eines Teams ist, umso größer ist die Wahrscheinlichkeit einer erfolgreichen taktischen Strategie.

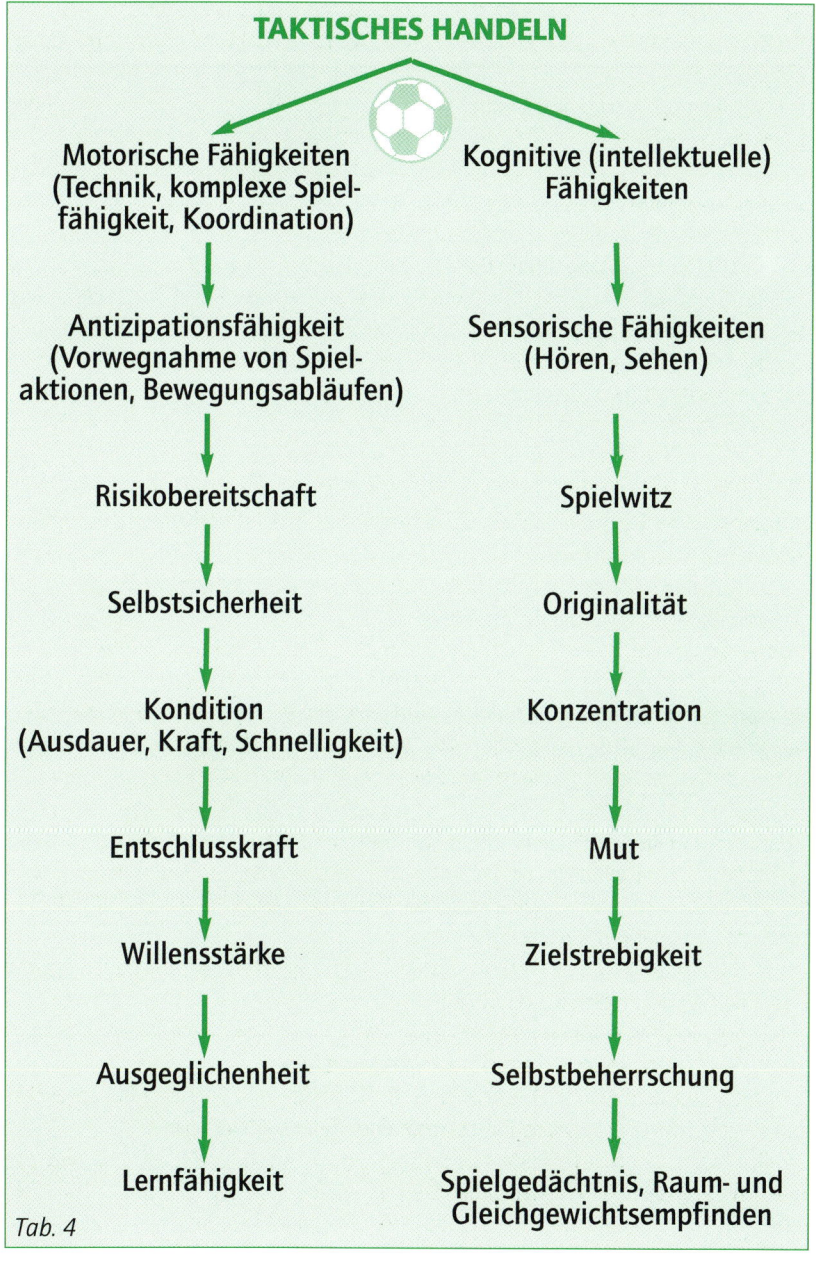

TAKTISCHES HANDELN

Motorische Fähigkeiten
(Technik, komplexe Spiel-
fähigkeit, Koordination)

Kognitive (intellektuelle)
Fähigkeiten

Antizipationsfähigkeit
(Vorwegnahme von Spiel-
aktionen, Bewegungsabläufen)

Sensorische Fähigkeiten
(Hören, Sehen)

Risikobereitschaft

Spielwitz

Selbstsicherheit

Originalität

Kondition
(Ausdauer, Kraft, Schnelligkeit)

Konzentration

Entschlusskraft

Mut

Willensstärke

Zielstrebigkeit

Ausgeglichenheit

Selbstbeherrschung

Lernfähigkeit

Spielgedächtnis, Raum- und
Gleichgewichtsempfinden

Tab. 4

Taktisches Handeln setzt immer auch soziales Verhalten voraus. Kooperations-fähigkeit, Antipathie, Sympathie, Dominanzverhalten, Misstrauen und Vertrauen bestimmen das soziale Klima in einer Mannschaft und damit auch die Fähigkeit, als Team taktisch wirkungsvoll zu agieren.

Taktische Fähigkeiten müssen systematisch erlernt, trainiert und variiert werden, um den Ansprüchen eines modernen Spiels zu genügen.

Die pädagogischen Fähigkeiten des Trainers spielen hierbei eine entscheiden-de Rolle, Taktik interessant und leicht verständlich anzubieten.

Der Erfolg der taktischen Schulung ist eng mit der persönlichen Struktur und den Erfahrungen des Trainers verbunden. Die Standardsituationen bieten dem Trainer eine hervorragende Gelegenheit, seine Spieler in das gemeinsame Spiel- und Taktikkonzept mit einzubeziehen.

Die Standardsituationen offerieren eine breite Basis, taktisch kreatives und kon-trolliertes Agieren zu ermöglichen. Die Qualität der Ausführung solcher Standard-situationen wird im Wesentlichen von der Quantität im Training abhängen. Wer-den die Standardsituationen im Training nicht konsequent geübt und verfeinert, kann nicht erwartet werden, dass sie zum selbstverständlichen Repertoire einer modern spielenden Mannschaft gehören.

Fasst man die Ergebnisse der EURO 2000 zusammen, so liegt der Schluss nahe, dass ein technisch schnelles Spiel bei vielen Mannschaften zu beobachten war. Die Entwicklung hin zum kreativen Fußball war vor allem bei den letzten acht Mannschaften deutlich zu erkennen. In der Ausführung von Standardsituationen dagegen konnten keine neuen Aspekte erkannt werden. Hier scheint ein echter Nachholbedarf zu bestehen, der in Zukunft ein breites Betätigungsfeld für Trainer und Mannschaften bietet.

3 Was sind Standardsituationen?

Allgemein betrachtet sind „Standardsituationen" Spielaktionen aus einer ruhenden Position des Balls wie Eckbälle, direkte und indirekte Freistöße, Strafstöße, Abstöße und Anstöße.

Einwurf, Abwurf vom Torwart und Torwartabstoß aus der Hand werden aus einer Bewegung des Spielers ausgeführt.

Unter Standardsituationen könnten aber auch solche spieltechnischen Fertigkeiten verstanden werden, die immer wieder in der gleichen Bewegungsausführung während eines Spiels auftauchen.

Der Doppelpass als effektive Möglichkeit, den Ball schnell und sicher zwischen zwei oder mehreren Spielern hin- und herzuspielen, um Raumgewinn und Ballbesitz in den eigenen Reihen zu schaffen, besitzt ebenfalls standardisierenden Charakter. Das Zusammenspiel von Torwart und Feldspielern gewinnt im modernen Fußball eine immer größere Bedeutung, da der Torwart bei Rückpässen (Rückpassregel) doch spieltechnisch sehr stark gefordert wird.

Durch ein präzises Zuspiel leitet der Torwart ein gezieltes Aufbauspiel ein.
    Genauso kann der zum Torwart zurückgespielte Ball als gezielter Befreiungsschlag einen schnellen Angriff über die Spitzen ermöglichen.

In der Spielsituation 1:1 tauchen immer wieder gleiche Bewegungssequenzen, bzw. typische Bewegungsmuster im Angriffs- und Abwehrverhalten der beiden Spieler auf.

Bei gut eingespielten Mannschaften bietet die Abseitsfalle ein wirkungsvolles, taktisches Mittel, gegnerisches Angriffsspiel blitzartig zu unterbinden.

Sollen die Standardsituationen im Wettkampf wirkungsvoll eingesetzt werden, so müssen sie im Training immer wieder systematisch geübt, verändert und verbessert werden.

Die zuletzt genannten Spielaktionen 1:1, Rückpassspiel zum Torwart, Doppelpass und Abseitsfalle sollten nach unserer Überzeugung ebenfalls in Verbindung mit den normalen Standardsituationen behandelt werden.

Folgt man den Untersuchungen von LOY („Mit Standardsituationen zum Erfolg" In: fußballtraining 9/97 und 10/97), so kann festgehalten werden, dass nur 28,1% aller erzielten Tore aus Standardsituationen resultieren.

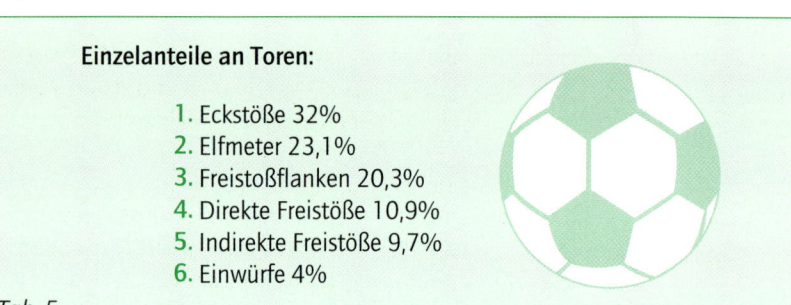

Einzelanteile an Toren:

1. Eckstöße 32%
2. Elfmeter 23,1%
3. Freistoßflanken 20,3%
4. Direkte Freistöße 10,9%
5. Indirekte Freistöße 9,7%
6. Einwürfe 4%

Tab. 5

Aus den dargestellten Zahlen wird sehr schnell deutlich, dass die Standardsituationen bisher noch keinesfalls voll ausgeschöpft sind und daher ein weites Spektrum für die kreative Trainingsarbeit bieten.

4 Stellenwert der Standardsituationen im Amateur- und Profibereich

Der Stellenwert der Standardsituationen im oberen Amateur- und Profibereich wurde von LOY (1997) ausführlich beschrieben und weist nach den gemachten Untersuchungen eher einen geringen Stellenwert und Erfolgsquotienten aus.

Die geringere Anzahl an Trainingseinheiten im Amateurbereich erschwert natürlich ein konsequentes Training von Standardsituationen. Hinzu kommt, dass eine unregelmäßige Trainingsbeteiligung vor allem im unteren und mittleren Amateurbereich ein kontinuierliches Training von Standardsituationen nur schwer zulässt.

Technische Unfertigkeiten erleichtern nicht gerade die wöchentliche Trainingsarbeit im unteren Amateurbereich und bieten damit eine schlechte Basis für das Training von Standardsituationen.

Im Jugendbereich ist der Anteil an Standardsituationen auf wenige Spielaktionen wie Eckball, Einwurf, Freistoß und Strafstoß beschränkt. Von einem systematischen Üben kann aber auch hier nicht gesprochen werden.

Der Profibereich weist eine hohe Anzahl von Trainingseinheiten pro Woche auf. Dennoch kann festgestellt werden, dass Effektivität und Intensität noch weit hinter den Erwartungen zurückbleiben.

Hier muss für die Zukunft der Hebel angesetzt werden, damit die Erfolgsquote bei Standardsituationen erhöht wird.

In der modernen Trainingsplanung müssen die Standardsituationen einen breiteren Raum einnehmen, damit im Spiel kreativer und variabler agiert werden kann.

Schon in der Jugend kann auf allen Ebenen ein fantasievolles und abwechslungsreiches Training der Standardsituationen angeboten werden.

Auf spielerische Art und Weise lassen sich gerade Jugendliche und Kinder auf die Ausführung von Standardsituationen vorbereiten.

Der Junioren- und Seniorenbereich baut dann auf den in der Jugend gelegten Grundlagen systematisch auf und trainiert die Standardsituationen dann schul- und wettkampfmäßig.

Bei der Auswahl der Spieler, die für einen Einsatz bei Standardsituationen in Frage kommen, sollte der Trainer schon frühzeitig darauf achten, wer sich technisch am schnellsten entwickelt und kreative Spielansätze zeigt. Nicht jeder Spieler eignet sich für die sichere Ausführung von Standardsituationen (Elfmeter oder Freistöße). Neben der technischen Perfektion ist ein großes Maß an Selbstsicherheit, Coolness und Cleverness gefordert. Diese Eigenschaften sind zum Teil schon angeboren, werden aber auch im Laufe des Lebens durch Erfahrungen und Erfolgserlebnisse trainiert und verbessert.

Natürlich ist es wichtig, dass möglichst viele Spieler an der Ausführung und dem Training von Standardsituationen beteiligt werden. So wird eine breite personelle Basis geschaffen, um möglichst vielseitig im Wettkampf zu agieren.

Bei der Ausführung von Standardsituationen lässt sich Sicherheit und Stabilität nur durch ein konsequentes und regelmäßiges Training erreichen.

Die Ausführung der Standardsituationen sollte vor allem im Lernstadium ständig von den Trainern kontrolliert und korrigiert werden.

5 Standardsituationen und Trainingsplanung

Moderne Trainingsplanung setzt eine systematische Analyse der verschiedenen Faktoren im Fußball voraus. Die Steuerung des Trainings ist ein ganzheitlicher Prozess, der nicht nur die Einteilung und Planung für eine Saison beinhaltet, sondern sich über mehrere Jahre hinweg erstreckt.

Bei der Trainingsplanung entstehen beim Trainer, Spielern und Management bestimmte Wünsche und Vorstellungen, die vom Coach koordiniert werden müssen.

Das Training selbst ist ein Prozess, der sich an verschiedenen Fragestellungen orientiert:

- Wird im Amateur- oder Profibereich trainiert?

- Welche Spielklasse wird trainiert?

- Wird im Kinder-, Jugend-, Seniorenbereich gearbeitet?

- Handelt es sich um Frauen- oder Männerfußball?

- Wie sind Quantität und Qualität des Kaders?

- Wie sind Quantität und Qualität der Trainingsbedingungen?

- Wie sind Quantität und Qualität der Trainings- und Hilfsmittel?

- Wie sind Quantität und Qualität des Personals (Management, Führung, Präsidium)?

- Wie sind Qualität und Erfahrungen des Trainers?

Die unterschiedlichen Phasen der Trainingssteuerung sind zu unterteilen in:

a) Zielsetzung
b) Planung und Durchführung
c) Auswertung und Korrektur.

a) Zielsetzung

Welches Ziel soll in der Saison erreicht werden (Meisterschaft, sicherer Platz im Mittelfeld, Vermeidung der Abstiegsgefahr, Aufbau in den kommenden Jahren)?

Welche Geldmittel stehen für neue Spieler, Material, Trainingslager etc. zur Verfügung?

Hier spielen nicht nur die Interessen des Trainers, sondern auch diejenigen der Spieler und des Managements eine entscheidende Rolle.

b) Planung und Durchführung

Welchen Zeitraum umfasst die Planung? Kurz-, mittel- oder langfristige Planung?

Ziele, Inhalte, Methoden, Organisation, Mittel und Hilfsmittel werden festgelegt.

Bei der Durchführung müssen die äußeren Trainingsbedingungen wie Anzahl der Spieler, Platzverhältnisse, Jahreszeit, Witterungsbedingungen, Zeitdauer des Trainings und Zustand der Trainingsgeräte beachtet werden. Leistungsbereitschaft, Wille sowie intellektuelle Fähigkeiten aller Mannschaftsmitglieder müssen angemessen berücksichtigt werden.

Bei der Durchführung des Trainings sollte auf mehrere Schwerpunkte hingearbeitet werden. Inhalte und Methoden müssen dem Leistungsstand der Spieler angepasst sein.

Freude und Spaß dürfen im Training nicht zu kurz kommen!

Eine reibungslose Organisation und eine hohe Intensität müssen entsprechend der Spielbelastung sichergestellt sein.

Ein Beispiel aus dem oberen Amateurbereich soll die Einbindung der Standardsituationen in den Trainingsplan der Vorbereitung auf die neue Saison verdeutlichen.

Obwohl in den ersten Wochen die Verbesserung der allgemeinen Ausdauer bzw. der Spielausdauer im Vordergrund steht, können verschiedene Formen von Standardsituationen systematisch trainiert werden.

1. Trainingswoche

- Schaffen einer Ausdauerbasis (Grundlagenausdauer durch Wald- und Geländeläufe).
- Stabilisierung der technischen Fertigkeiten (Einzeltechniken).
- Hinführung zur Spiel- und Taktikschulung (Parteienspiele 4:4; 5:5 etc.).

2. Trainingswoche

- Verbesserung der Ausdauerbasis (s. 1. Trainingswoche).
- Konzentriertes Krafttraining (als Partnerarbeit oder an Kraftmaschinen denkbar).
- Ausweitung der taktischen Spielschulung (kleine Wettspiele innerhalb des Teams).

3. Trainingswoche

- Erweiterung der Ausdauerbasis (s. 1./2. Trainingswoche).
- Erweiterung des Kraft- und Schnellkrafttrainings (mit und ohne Ball).
- Schulung von gruppentaktischem Verhalten (Spiele in Unterzahl/Überzahl – 4:3; 4:6 etc.).
- Freundschaftsspiele gegen leistungsschwächere Mannschaften (Zusammenspiel, Abstimmung der einzelnen Mannschaftsteile untereinander).

4. Trainingswoche

- Erweiterung der Ausdauerbasis und der fußballspezifischen Spielausdauer (Spiele 7:7; 9:9 auf ganzem Platz).
- Schnelligkeits- und Sprinttraining mit und ohne Ball (Wett- und Staffelformationen).
- Koordinative Beweglichkeitsschulung mit und ohne Ball (Lauf- und Verfolgungswettspiele).
- Verbesserung des mannschaftstaktischen Verhaltens (Spiele 5:5 oder 6:6 mit spezifischen Aufgabenstellungen – Mann-, Raumdeckung, Verschieben, Forechecking, Pressing etc.).
- Wettspielgerechtes Erarbeiten von Standardsituationen (aus den verschiedenen Übungsspielen).

5. Trainingswoche

- Verbesserung der wettspielspezifischen Ausdauer (s. 4. Trainingswoche).
- Verbesserung mannschaftstaktischen Verhaltens (z.B. Einstimmung auf das Spiel mit Viererkette).
- Verbesserung der fußballspezifischen Schnelligkeit.
- Verbesserung der Individualtechniken.
- Verbesserung der Standardsituationen.
- Psychische Einstellung und Vorbereitung auf das erste Meisterschaftsspiel.

Im Laufe der Saison erhöht sich der Anteil des Trainings von Standardsituationen in Abhängigkeit von den jeweiligen Belastungen, die sich aus den Meisterschaftsspielen ergeben.

c) Auswertung und Korrektur
Die Auswertung des Trainings kann in kurzer schriftlicher Form erfolgen, indem der Soll- und Istzustand der Spieler abgeglichen wird. Kontrollen und Tests im Training geben genaue Aufschlüsse über die Wirksamkeit des Trainings und den aktuellen Leistungsstand der Mannschaft.

Erreichen einzelne Spieler das vorgegebene Trainingsziel noch nicht, so müssen die Anforderungen nach oben oder unten korrigiert werden.

Eine Korrektur sollte möglichst noch im Training erfolgen, damit der Spieler sein taktisches Fehlverhalten bzw. die falsche Technik sofort ändern kann. Die Korrektur kann im Einzelgespräch, aber auch im Teamwork erfolgen.

Das Einbinden von Standardsituationen in das tägliche Training sollte sich an den unterschiedlichen Trainingsperioden und Wettkampfbelastungen im Jahresrhythmus orientieren.

In der Vorbereitungsperiode wird das Training mehr auf die körperliche Leistungssteigerung der Spieler abzielen, während die taktischen Ziele erst im Laufe der Saison effektiv trainiert werden können.

Bei der Trainingsplanung muss weiterhin beachtet werden, dass Standardsituationen nie nach einer anstrengenden Konditionsarbeit trainiert werden sollten, sondern nur in ausgeruhtem Zustand. Technische Perfektion und Kreativität können sich nur dann effektiv entwickeln, wenn Geist und Körper gut erholt sind.

 Merke: Standardsituationen nach dem Aufwärmen üben lassen!

6 Technische Voraussetzungen

Das Training von Standardsituationen kann sowohl als Einzeltraining, aber auch im Mannschaftstraining erfolgen.

Grundvoraussetzung für das erfolgreiche Training von Standardsituationen ist die Beherrschung von Einzeltechniken wie Schussgenauigkeit, Timing, Ballgefühl, Schusshärte und Effettechnik bei direkten und indirekten Freistößen, Freistoßflanken, Eckbällen, Abstößen und Strafstößen.

Bei Einwürfen und bei Abwürfen durch den Torwart werden Wurfkraft, Beweglichkeit im Rumpf- und Armbereich, Zielgenauigkeit und Timing vorausgesetzt.

Bei Rückpässen zum Torwart und beim Aufbauspiel durch den Torwart wird Präzision mit der Innenseite und dem Vollspann verlangt.

In den Standardsituationen 1:1 sind Dribbeltechnik, Geschicklichkeit und Beweglichkeit sowie Schnelligkeit und Koordination gefordert (s. Abb. 1).

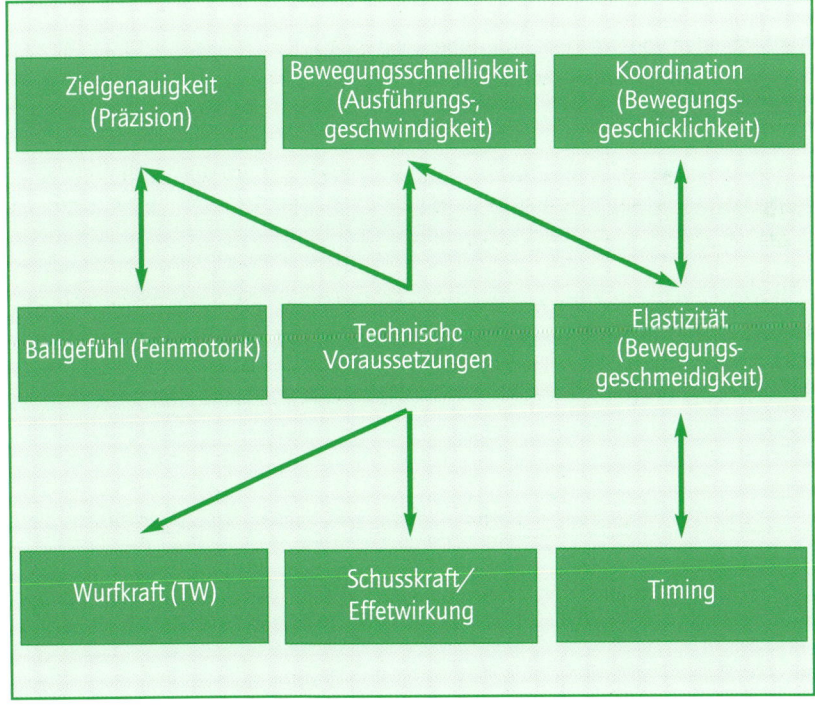

Abb. 1

Die Einzeltechniken sollen schon in der Jugend systematisch erlernt, verbessert und automatisiert werden, sodass sie zum selbstverständlichen Repertoire eines jeden Spielers gehören. Konsequentes Wiederholen und Üben der Einzeltechniken in allen Jahrgangsstufen und Leistungsklassen erhöht im Spiel die Effektivität der Ausführung in den Standardsituationen.

Die unterschiedlichen Techniken der Ballbehandlung können im Einzeltraining oder aber im Partner- und Gruppentraining geübt und verbessert werden.

Erst wenn die für die Standardsituationen vorgesehenen Spieler über alle notwendigen Techniken verfügen, sollte im Training mit den unterschiedlichen Varianten von Standardsituationen begonnen werden.

Auch hier gilt der alte pädagogische Grundsatz: „Vom Leichten zum Schweren und vom Bekannten zum Unbekannten".

Bei der Verbesserung der Individualtechniken sollte besonders auf eine ausgewogene Beidfüßigkeit der Spieler geachtet werden. Eine Beschränkung auf bestimmte Techniken, die nur für die Ausführung von Standardsituationen nötig sind, sollte nicht erfolgen, sondern es können alle möglichen Balltechniken im Training gefordert werden.

Das Aufwärmtraining mit Ball bietet einen breiten Spielraum, möglichst viele Techniken auszuprobieren und anzuwenden. Der Kreativität der Spieler sind hier keine Grenzen gesetzt, sich mit Ball und Mitspieler technisch auseinander zu setzen (s. Literatur).

Kleine Gruppenspiele wie 3:3, 4:4, eignen sich hervorragend, individuelle Techniken zu entwickeln und sie spielgerecht anzuwenden.

Bei der Schulung der verschiedenen Balltechniken sollte der Trainer unbedingt darauf achten, dass zwischen den einzelnen Trainingsabschnitten genügend lange Pausen sind, damit sich das Nervensystem und die Muskulatur entsprechend erholen.

Leichte Stretchingübungen oder auch lockeres Lauftraining dienen der aktiven Erholung und der mentalen Wiederherstellung.

Da im unteren Amateurbereich und vor allem im Jugendbereich nicht immer eine ausreichende Anzahl von Bällen zur Verfügung steht, sollte der Trainer die Spieler in mehrere Gruppen einteilen, sodass für jeden Spieler auch ein Ball vorhanden ist.

Individualtechniken können z.B. auch in einem Trainingslager an der See geübt werden. Im Sand werden die technischen Fähigkeiten und Fertigkeiten besonders geschult, da Geschicklichkeit, Beweglichkeit und Koordination gefordert werden.

Durch das Ballspiel im Sand wird das neuromuskuläre Zusammenspiel beansprucht und verbessert sowie die Geschmeidigkeit und Elastizität der Bewegungen.

Steht auf dem Trainingsgelände eine größere Sandfläche zur Verfügung, sollte diese möglichst oft in den Trainingsablauf mit einbezogen werden ('Copacabana' im Kleinformat).

Das Spiel „Fußballtennis" ist ein weiteres Trainingsmittel, um die Entwicklung technischer Fertigkeiten zu fördern. Es weist eine einfache Spielstruktur auf und stärkt außerdem Teamgeist und Kooperation.

Die Einrichtung einer solchen Sandfläche in der Größe von ca. 40 x 20 m sollte in jedem Profiverein zur normalen Ausstattung eines Trainingsgeländes gehören.

Die früher durch den Straßenfußball erworbenen Techniken müssen deshalb auf andere Weise entwickelt und geschult werden. Dabei müssen alle Möglichkeiten, die sich den jungen Menschen bieten, genutzt werden. In Afrika und in den südamerikanischen Ländern gehört der Straßen- oder Strandfußball noch zum alltäglichen Erscheinungsbild. Das technische Defizit, das Jugendliche aus Industriestaaten aufweisen, kann nur durch eine Erhöhung der Trainingseinheiten mit technischen Schwerpunkten ausgeglichen werden.

Zusätzlich zu den normalen Trainingseinheiten bietet eine Erweiterung der Förderzentren durch den DFB und die Landesverbände neue Möglichkeiten der Schulung.

Viele Profivereine haben schon eigene Fußballinternate eingerichtet, wo junge Menschen sowohl schulisch als auch fußballerisch ausgebildet werden. Die Ergänzung der eigenen Sportanlagen durch neue Übungsstätten erhöht die Möglichkeiten, technische Perfektion im Umgang mit dem Ball zu erlangen.

Die Schwerpunkte in der täglichen Praxis sollten ganz auf die Schulung und Verbesserung der Technik ausgerichtet sein. Ehemalige Profis mit Trainerlizenz oder Studium wären besonders geeignet, Fußballtechnik in Perfektion zu demonstrieren und zu lehren.

7 Standardsituationen als taktisches Mittel

Die regelgerechte, schnelle und kreative Ausführung von Standardsituationen könnte zur entscheidenden taktischen Strategie werden, wenn die angreifende Mannschaft vorher im Training intensiv und umfangreich geschult worden ist.

Individuelle Kreativität, aber auch Systematik in der Ausführung erhöht die Erfolgsaussichten und die Trefferquote der agierenden Mannschaft.

Der Überraschungseffekt, der sich durch die unerwartete, variabel ausgeführte Standardsituation ergibt, spielt eine entscheidende Rolle, ob die ausführende Mannschaft erfolgreich sein wird.

Die Überrumpelung der abwehrenden Mannschaft gelingt umso besser, je kreativer die Angreifer in der Ausführung ihrer Standardsituationen sind.

Die taktisch erfolgreiche Ausführung einer Standardsituation ist von vielen Faktoren abhängig:

- Schnelles Erfassen der Spielsituation (peripheres Beobachten von Gegenspielern und eigenen Mitspielern).

- Schnelle Ausführung nach Ballfreigabe durch den Schiedsrichter (Handlungsschnelligkeit).

- Geschickte Raumaufteilung, Positionszuweisung und Tiefenstaffelung.

- Präzision und Schnelligkeit in der Ausführung (Bewegungsgeschicklichkeit).

- Kreativität, Variabilität und Raffinesse in der Ausführung (Überraschungseffekt).

- Erkennen des gegnerischen Abwehrverhaltens (intellektuelles Spielverhalten).

- Flexibilität bei unerwartetem Eigen- und Fremdverhalten (Fintieren bei der Ausführung).

- Regelsicheres Verhalten in der Standardsituation (Verhältnis Schiedsrichter-Spieler).

- Emotionale Stabilität bei der Ausführung (Abbau von Erregungszuständen, Entwicklung von Coolness und Abgeklärtheit).

Anmerkung:

Der Fußball-Weltverband (FIFA) hat am 19. Februar 2000 in Cliveland (Großbritannien) Neuerungen für das Regelwerk beschlossen. Im Zusammenhang mit den Standardsituationen gelten folgende Regeländerungen:

- Die Schiedsrichterassistenten tragen künftig mehr Verantwortung. Sie dürfen das Spielfeld betreten, um den 9,15-m-Abstand bei Freistößen zu kontrollieren. Sie sollen bei Vorfällen im Strafraum unterstützen und anzeigen, wenn sich der Torwart bei einem Elfmeter von seiner Torlinie aus nach vorne bewegt.

- Wartet der Torwart mehr als sechs Sekunden mit dem Abschlag, gibt es indirekten Freistoß für den Gegner. Die Schritteregel entfällt.

- Hält ein Abwehrspieler im eigenen Strafraum einen Schienbeinschoner in der Hand und stoppt damit einen Ball, der ins Tor gegangen wäre, so hat der Schiri auf Strafstoß und Feldverweis zu erkennen, weil der Schoner als verlängerte Hand angesehen wird. Handelt es sich um den Torwart, erfolgt eine Verwarnung und ein indirekter Freistoß.

- Vergisst der Schiri, bei einem indirekten Freistoß den Arm zu heben und der Ball landet ohne Berührung im Tor, so ist das Spiel künftig mit Abstoß fortzusetzen.

- Wird der Ball beim Freistoß blockiert und führt ein Spieler den Freistoß trotzdem aus, ist der Spieler zu verwarnen und der Freistoß zu wiederholen.

- Wirft ein Spieler beim Einwurf einem Gegner den Ball absichtlich an den Kopf, wird das mit Feldverweis bestraft.

- Im Falle eines Elfmeterschießens muss die Mannschaft, die das Spiel mit mehr Spielern beendet hat als der Gegner, die Anzahl ihrer Spieler auf die des dezimierten Gegners reduzieren. Der Spielführer muss die Namen der ausgeschlossenen Spieler mitteilen.

- Verhält sich beim Elfmeterschießen ein verwarnter Spieler unsportlich, ist er mit Gelb-Rot zu belegen (Quelle: Wiesbadener Kurier v. 27.07. 2000).

8　Standardsituation Eckstoß

Kommt es im Spiel zum Eckstoß, so tritt sowohl für die angreifende als auch für die abwehrende Mannschaft eine Situation ein, wie sie sonst im Spiel nicht mehr gegeben ist.

Die Anzahl der Spieler im Strafraum ist nirgends so groß wie gerade beim Eckball.

Das erschwert zum einen die Abwehraufgaben und erleichtert auf der Gegenseite die Chancen der Angreifer, zum Torerfolg zu kommen.

Um den Eckstoß möglichst effektiv auszuführen, sind verschiedene Vorüberlegungen anzustellen:
- Effetwirkung auf das Tor zu oder vom Tor weg.
- Schussstärke (weich oder hart).
- Passspiel (kurz oder lang).
- Zielraum (Strafraum, Fünf-Meter-Raum, auf den kurzen Pfosten, auf den langen Pfosten, außerhalb des Strafraumes, Elfmeterpunkt).
- Gegnerisches Stellungsspiel (Mann- oder Raumdeckung).
- Gegnerischer Torwart (fangsicher, unsicher).
- Gegnerische Abwehrspieler (kopfballsicher, unsicher).

Eckstoß

Übung 1

Organisation: Der ausführende Spieler spielt einen kurzen Pass in Richtung Strafraumeck (1) auf einen eigenen Mitspieler, der dem Pass entgegensprintet (2), eine Finte ausführt und sofort auf das Tor schießt (3) (s. Abb. 2).

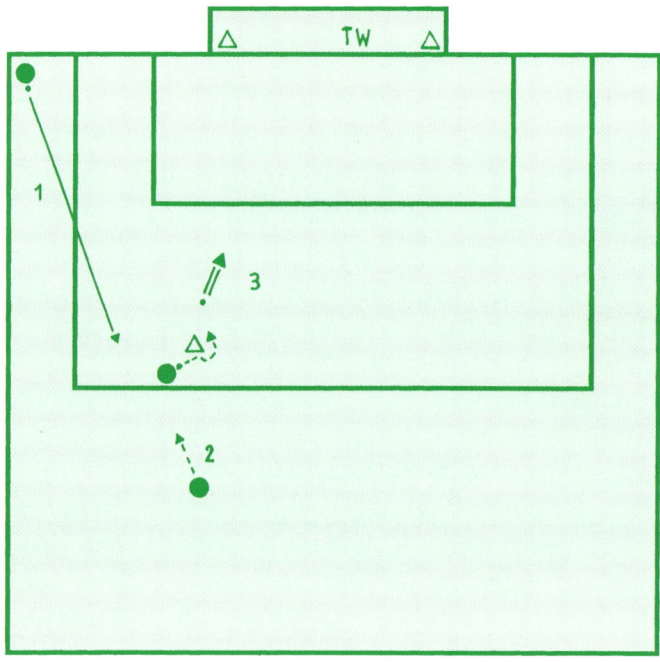

Abb. 2

Dauer/Intensität: 2 x 15 Minuten / Übungsgruppe.

Material: Zehn Bälle.

Tipp: Der Abwehrspieler, der sich auf den Torschützen konzentriert, sollte bei den ersten Versuchen passiv agieren, um dem Ball annehmenden Spieler Sicherheit zu geben. Alle anderen Abwehrspieler können aktiv agieren.

Hinweis: Aus Gründen der Übersichtlichkeit werden bei den Zeichnungen nicht immer alle Abwehrspieler zeichnerisch dargestellt. Die Mauer bei Freistößen kann sowohl durch einzelne Symbole, aber auch durch einen Balken dargestellt werden.

Eckstoß

Übung 2
Organisation: Der ausführende Spieler spielt einen kurzen Pass in Richtung Strafraumeck (1) auf einen eigenen Mitspieler, der dem Pass entgegensprintet (2), den Ball stoppt und eine Flanke auf die rechte Seite in den freien Raum spielt (3), die von einem Mitspieler erlaufen werden muss (4) und mit Torschuss abgeschlossen wird (5) (s. Abb. 3).

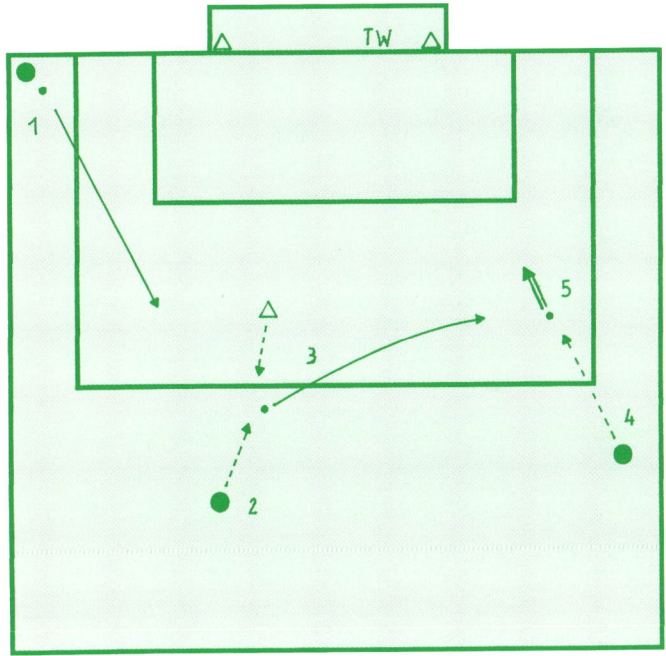

Abb. 3

Dauer/Intensität: 2 x 15 Minuten / Übungsgruppe.
Material: Zehn Bälle.
Variante: Statt Torschuss (5) – Rückpass oder Dribbling.

Eckstoß

Übung 3

Organisation: Der ausführende Spieler spielt einen Pass entlang der Seitenauslinie auf einen eigenen Mitspieler (1), der dem Pass entgegensprintet (2), den Ball stoppt und ihn seitwärts zu einem anderen Mitspieler weiterleitet (3). Dieser nimmt den Ball im Lauf mit und dribbelt durch zwei Abwehrspieler (4) hindurch und schießt sofort auf das Tor (5) (s. Abb. 4).

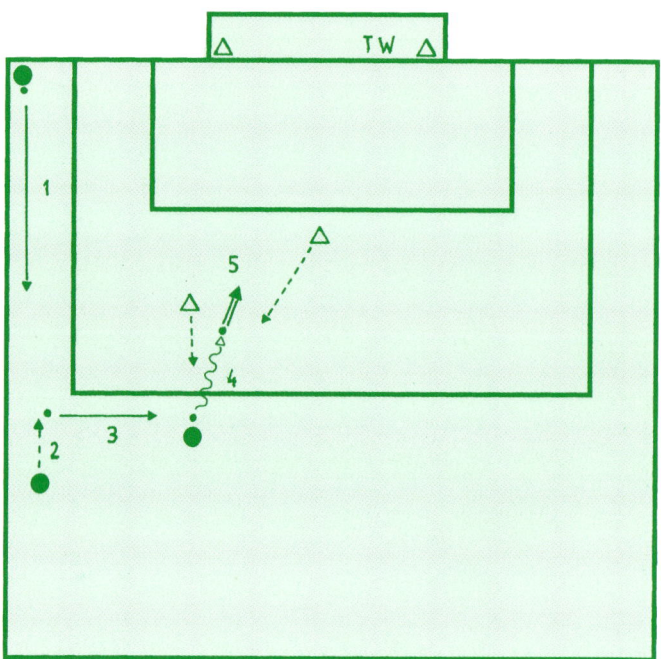

Abb. 4

Dauer/Intensität: 2 x 15 Minuten / Übungsgruppe.

Material: Zehn Bälle.

Variante: Auch von der anderen Spielfeldseite üben lassen!

Eckstoß

Übung 4

Organisation: Der ausführende Spieler lupft den Ball auf einen nahe stehenden Mitspieler (1), der den Ball direkt nach hinten zu einem am Strafraum wartenden Mitspieler weiterleitet (2), der einen Schuss antäuscht, den Ball aber seitwärts weiterspielt (3). Ein aufgerückter Angreifer sprintet nach dem Ball (4) und schießt sofort auf das Tor (5) (s. Abb. 5).

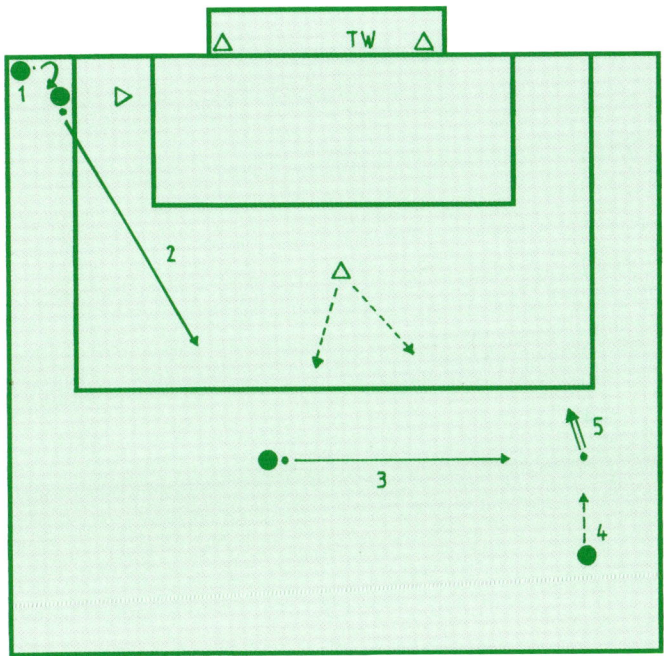

Abb. 5

Dauer/Intensität: 2 x 20 Minuten / Übungsgruppe.

Material: Zehn Bälle.

Tipp: Die ersten Eckbälle werden bei passiver Abwehrformation geübt. Der Spieler, der auf das Tor schießen soll, kann mit dem linken Fuß oder mit dem rechten Fuß (Außenspann) schießen (starke Effetwirkung).

Variante: Der Spieler, der den angelupften Ball erhält, kann sich durch eine Täuschung vom direkten Spieler absetzen und den Ball von der Torauslinie nach innen passen oder flanken.

Eckstoß

Übung 5

Organisation: Der ausführende Spieler spielt den Eckball hoch auf den kurzen Pfosten (1). Der annehmende Spieler leitet den Ball mit dem Kopf über die Abwehr weiter (2). Ein dritter Spieler spurtet nach dem Ball und versucht, zum Torerfolg zu kommen (3) (s. Abb. 6).

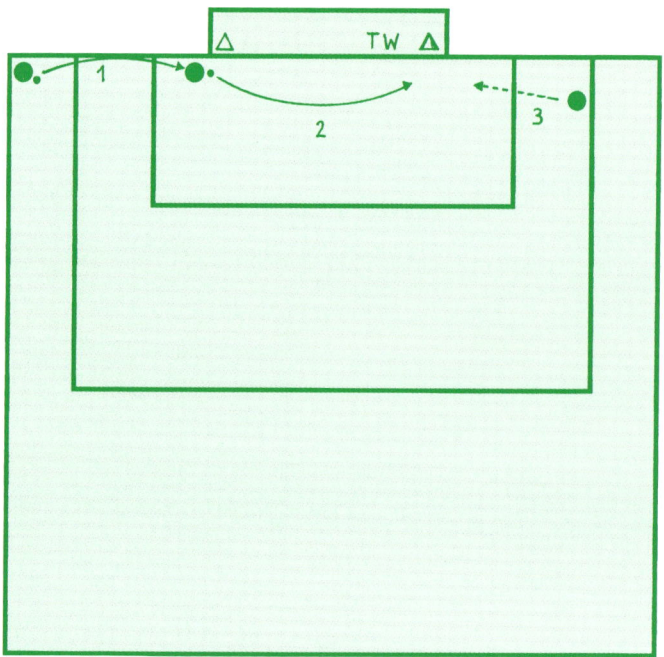

Abb. 6

Dauer/Intensität: 2 x 15 Minuten / Übungsgruppe.
Material: Zehn Bälle.
Tipp: Von beiden Seiten üben lassen!

Eckstoß

Übung 6
Organisation: Der ausführende Spieler spielt eine hohe Flanke mit Effet vom Tor weg in den Strafraum (1). Drei Mitspieler sprinten während der Ausführung des Eckballs in den Strafraum (2) und versuchen, zum Torschuss oder Kopfball zu kommen (3) (s. Abb. 7).

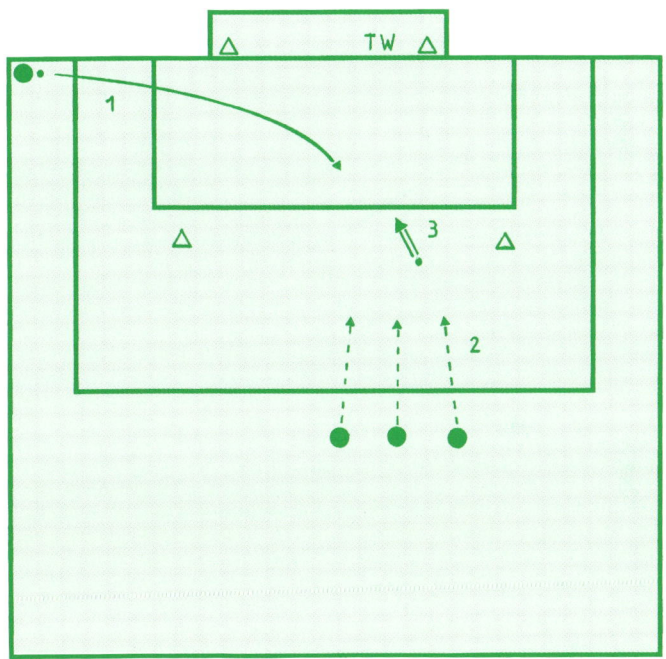

Abb. 7

Dauer/Intensität: 2 x 15 Minuten / Übungsgruppe.
Material: Zwanzig Bälle.
Variante: Übung wie oben. Ein Spieler, der am kurzen Pfosten steht, sprintet auf den ausführenden Spieler zu und täuscht eine Ballannahme an (dadurch wird der kurz deckende Abwehrspieler vom Pfosten weggelockt und es entsteht eine Lücke zwischen Torwart und kurzem Pfosten).

Eckstoß

Übung 7
Organisation: Der ausführende Spieler spielt einen Kurzpass (1) auf den entgegensprintenden Mitspieler am kurzen Pfosten (2), der den Ball aus der Drehung zum wartenden Mitspieler am Strafraum weiterspielt (3) und sofort mit Torschuss abschließen soll (4) (s. Abb. 8).

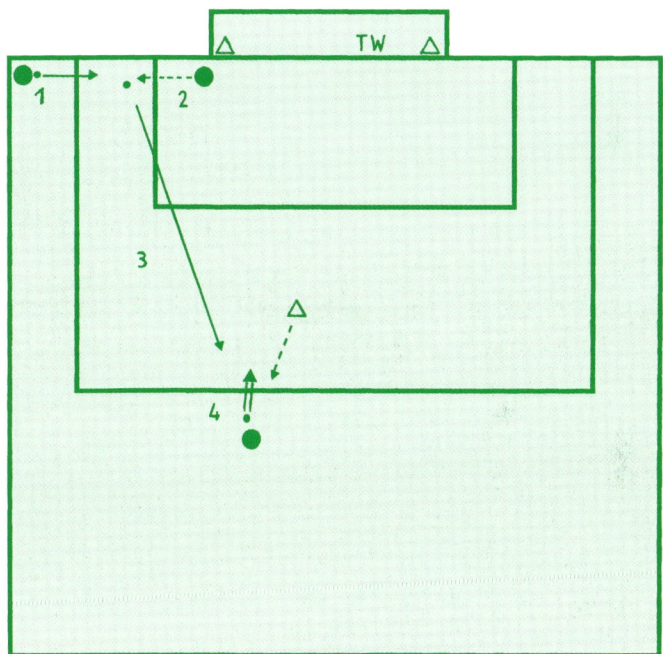

Abb. 8

Dauer/Intensität: 2 x 20 Minuten / Übungsgruppe.
Material: Zehn Bälle.
Variante: Der Torschütze dribbelt in den Strafraum und schießt dann auf das Tor oder spielt den Ball ab.

Eckstoß

Übung 8

Organisation: Der ausführende Spieler spielt einen Kurzpass (1) auf den vom kurzen Pfosten entgegensprintenden Mitspieler, der den Ball zurückprallen lässt (2), während der Ausführende ihm entgegenspurtet (3), den Ball im Lauf annimmt und nach einem Dribbling (4) auf das Tor schießt (5) (s. Abb. 9).

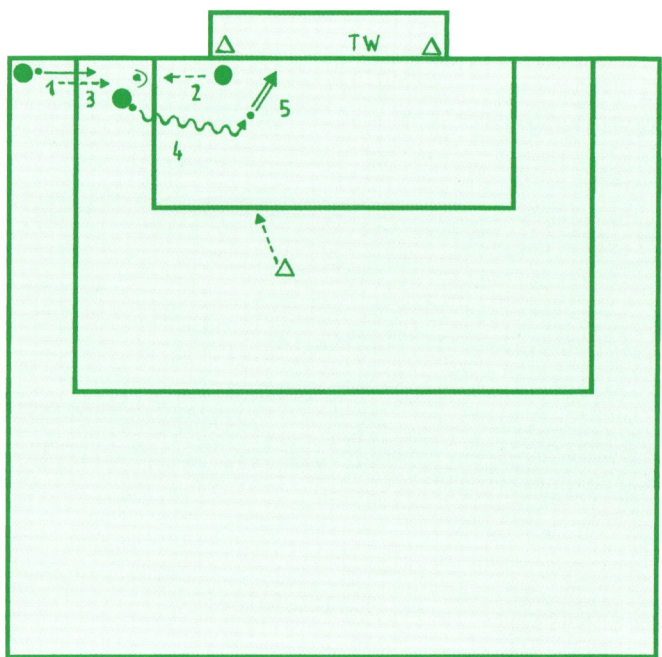

Abb. 9

Dauer/Intensität:	2 x 20 Minuten / Übungsgruppe.
Material:	Zehn Bälle.
Tipp:	Der Abwehrspieler, der am kurzen Pfosten deckt, muss aufpassen, dass er den weg-sprintenden Angreifer nicht unfair von hinten attackiert (Strafstoßgefahr).

Eckstoß

Übung 9

Organisation: Der ausführende Spieler spielt einen scharfen Kurzpass auf einen am Strafraum stehenden Mitspieler (1), der den Ball jedoch nicht stoppt, (2) sondern den Ball durch blitzschnelles Öffnen der Beine auf den dahinter stehenden Spieler (3) durchlässt.

Dieser Spieler schießt sofort auf das Tor (4). Um die gegnerischen Abwehrspieler zu irritieren, sprinten zwei weitere Angreifer in Richtung Eckballkreis (5) (s. Abb. 10).

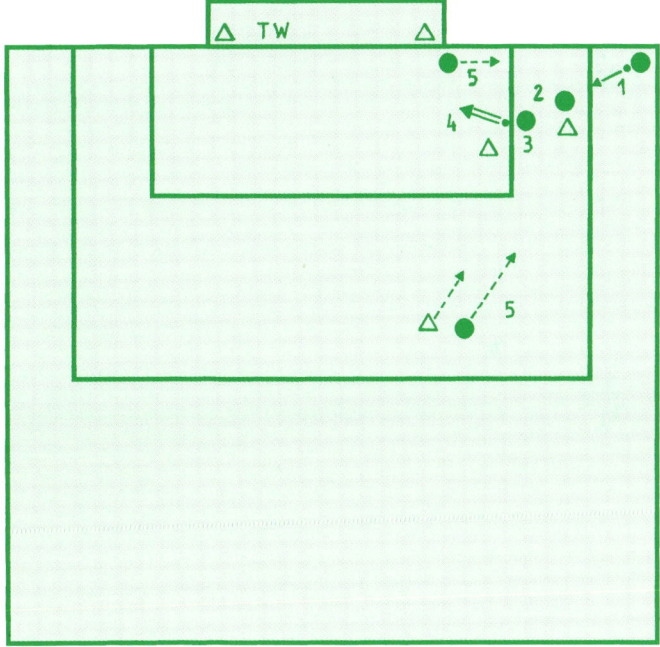

Abb. 10

Dauer/Intensität: 2 x 30 Minuten / Übungsgruppe.

Material: Zehn Bälle.

Tipp: Der Spieler, der den Ball durch die Beine lässt, kann den Effekt verstärken, indem er dem Passgeber entgegenstartet.
                       Der Abwehrspieler, der den täuschenden Angreifer deckt, muss aufpassen, dass er den gegnerischen Stürmer bei der Abwehraktion nicht unfair von hinten attackiert (Strafstoßgefahr).

Eckstoß

Übung 10

Organisation: Der am kurzen Pfosten stehende Angreifer sprintet (1) dem ausführenden Spieler entgegen, als würde er ein kurzes Anspiel erwarten. Stattdessen spielt der ausführende Spieler den Eckball mit einer hohen Flanke auf die gegenüberliegende Seite (2) wo ein wartender Angreifer den Ball im Sprint bis zur Torauslinie führt oder dribbelt (3) und dann einen Rückpass auf einen mit aufgerückten Mittelfeldspieler spielt (4), der sich den Ball erläuft (5) und sofort auf das Tor schießt (6) (s. Abb. 11).

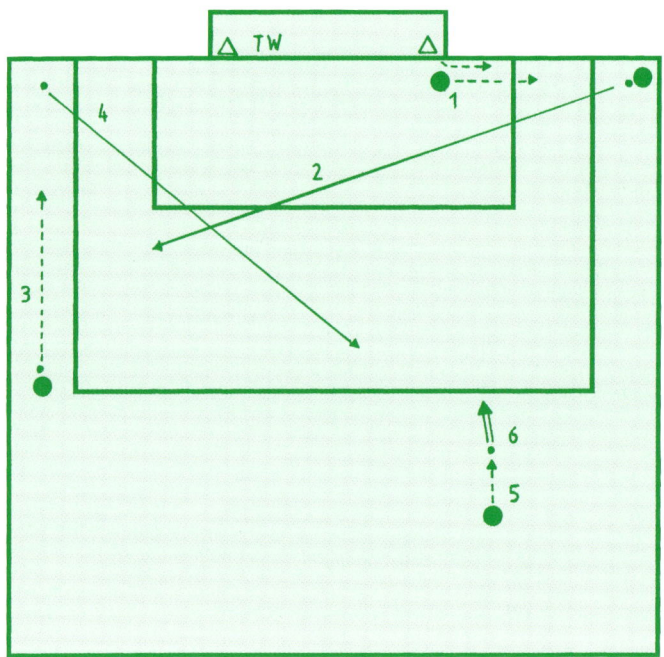

Abb. 11

Dauer/Intensität: 2 x 20 Minuten/ Übungsgruppe.
Material: Zehn Bälle.
Tipp: Von beiden Seiten üben lassen!

Eckstoß

Übung 11
Organisation: Der ausführende Spieler spielt eine Flanke auf den am kurzen Pfosten stehenden Mitspieler (1). Dieser verlängert den Ball mit dem Kopf über den Fünf-Meter-Raum zu einem weiteren Mitspieler (2). Dieser köpft den Ball zurück auf einen Angreifer (3), der den Ball auf das Tor schießen soll (4) (s. Abb. 12).

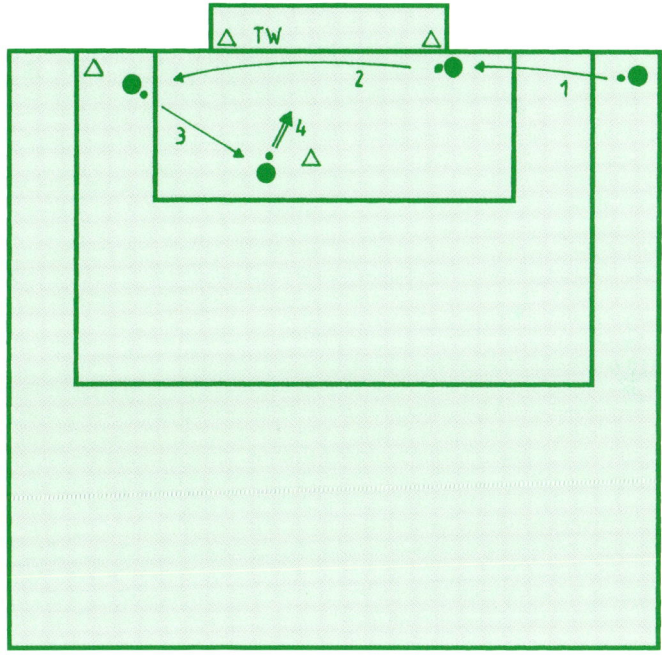

Abb. 12

Dauer/Intensität: 2 x 25 Minuten / Übungsgruppe.
Material: 10-20 Bälle.
Tipp: Die ersten Übungseinheiten ohne Abwehrspieler üben lassen!

Eckstoß

Übung 12

Organisation: Während der ausführende Spieler zum Eckball anläuft, sprinten beide am Pfosten stehenden Angreifer jeder in die dargestellte Richtung weg (1). Der Ball wird dann lang auf die gegenüberliegende Seite des Strafraums gespielt (2). Zur gleichen Zeit sprinten drei an der Strafraumlinie stehende Angreifer in den Strafraum, um den Ball zu erreichen (3). Der annehmende Angreifer dribbelt in den Strafraum (4) und versucht, ein Tor zu schießen (5) (s. Abb. 13).

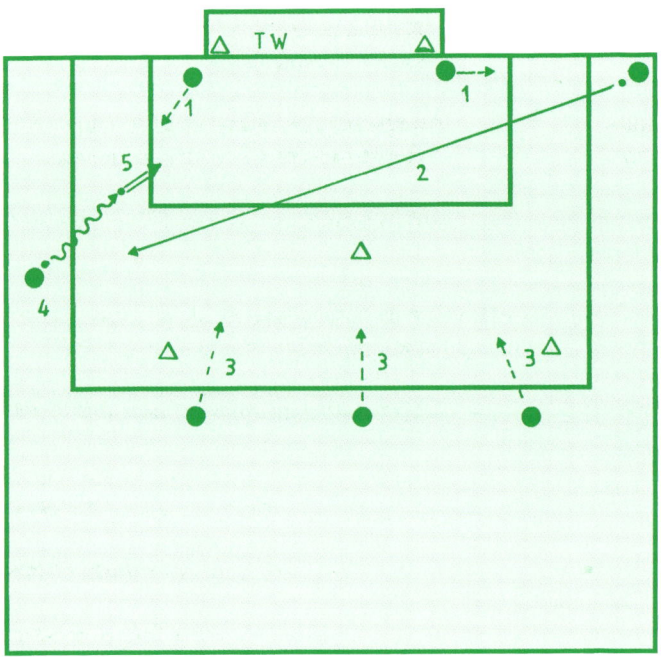

Abb. 13

Dauer/Intensität: 2 x 20 Minuten / Übungsgruppe.
Material: 10–20 Bälle.
Tipp: Von beiden Seiten üben lassen! Die ersten Übungseinheiten ohne aktiven Einsatz der Abwehrspieler trainieren!

Eckstoß

Übung 13

Organisation: Der ausführende Spieler lupft den Ball zu einen Mitspieler (1), der den Ball hoch auf die andere Seite spielt (2), wo ein weiterer Angreifer den Ball in Richtung Torauslinie dribbelt (3) und einen Rückpass auf einen mitgelaufenen Spieler spielt (4).

Dieser versucht, sofort auf das Tor zu schießen (5) (s. Abb. 14).

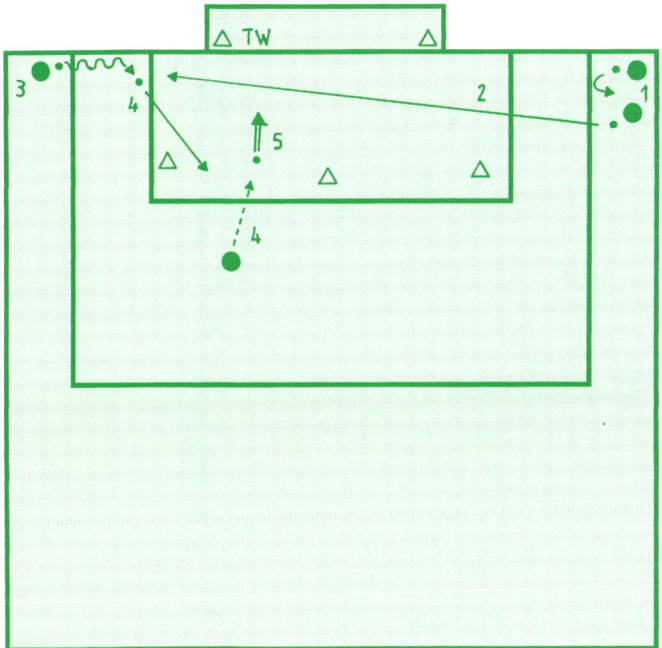

Abb. 14

Dauer/Intensität: 2 x 20 Minuten / Übungsgruppe.
Material: Zehn Bälle.
Tipp: Die Abwehrspieler greifen zunächst nur teilaktiv ein, um den Angreifern Sicherheit in der Ausführung zu geben.

Eckstoß

Übung 14

Organisation: Der ausführende Spieler spielt einen kurzen Pass auf seinen Mitspieler (1), der den Ball abprallen lässt (2) und den Abwehrspieler durch einen Sprint in Richtung Tor ablenkt (3). Gleichzeitig spielt der den Eckball ausführende Spieler den Ball auf einen nachgerückten Angreifer (3), der sofort in den Strafraum dribbelt (4), einen weiteren mitgelaufenen Angreifer anspielt (5) und sofort auf das Tor schießt (6) (s. Abb. 15).

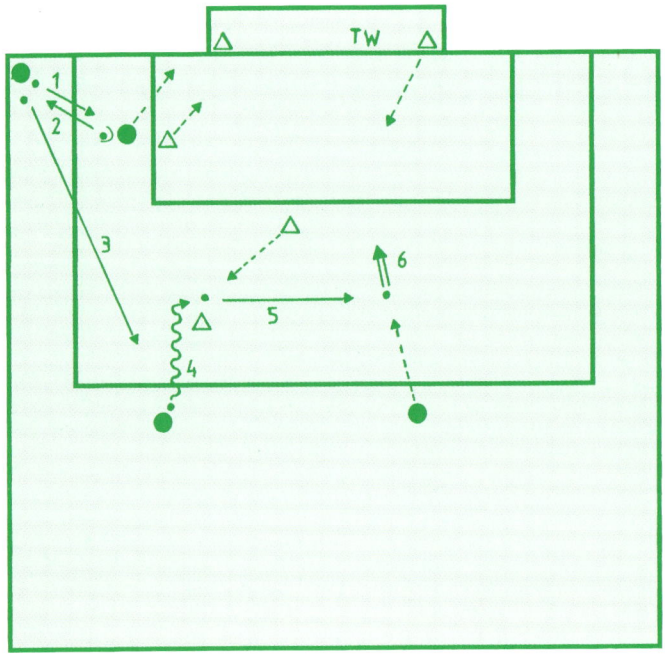

Abb. 15

Dauer/Intensität: 2 x 25 Minuten / Übungsgruppe.

Material: 10-20 Bälle.

Tipp: Die Abwehrspieler verhalten sich solange passiv, bis die Passfolgen sicher beherrscht werden.

Eckstoß

Übung 15

Organisation: Der ausführende Spieler täuscht ein Zuspiel auf den ihm entgegensprintenden Mitspieler (1) an und spielt den Ball aber zurück auf einen anderen aufgerückten Spieler (2). Dieser spielt einen Kurzpass (3) auf einen weiteren Angreifer am Strafraum, der dann sofort auf das Tor schießen soll (4) (s. Abb. 16).

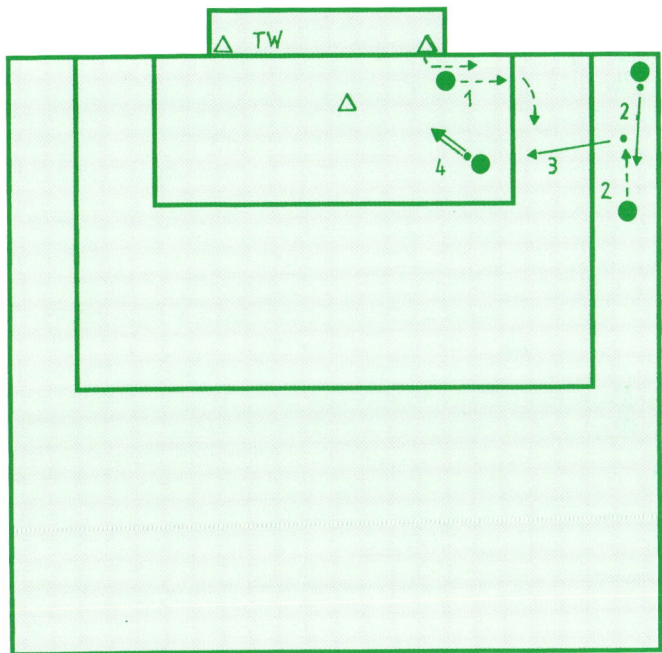

Abb. 16

Dauer/Intensität: 2 x 25 Minuten / Übungsgruppe.

Material: Zehn Bälle.

Variante: Dribbling oder Rückpass auf einen anderen Angreifer statt Torschuss (4).

Tipp: Die ersten Eckbälle werden mit passivem Einsatz der Abwehrspieler geübt.

Eckstoß

Übung 16

Organisation: Der ausführende Spieler spielt den Eckball weit auf die gegenüberliegende Seite (1). Der annehmende Spieler köpft den Ball auf einen am Pfosten stehenden Mitspieler (2), der den Ball abprallen lässt (3) und dann sofort auf das Tor schießt (4) (s. Abb. 17).

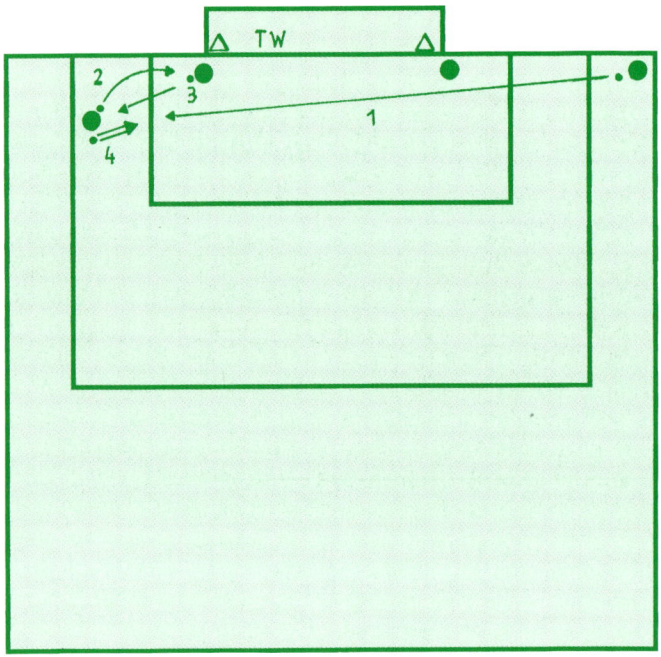

Abb. 17

Dauer/Intensität: 2 x 25 Minuten / Übungsgruppe.
Material: Zehn Bälle.
Tipp: Als Vorübungen können weite Flanken trainiert werden.

9 Standardsituation Strafstoß (Elfmeter)

Der Strafstoß nimmt unter den Standardsituationen eine besondere Stellung ein, da er die einzige Standardsituation ist, in der der ausführende Spieler und der Torwart sich direkt gegenüberstehen. Die psychische Anspannung bei beiden Spielern wird noch dadurch gesteigert, dass Strafstöße vor allem in Turnieren über Sieg und Niederlage entscheiden. Die Ausführung eines Elfmeters ist deutlich durch die Regel bestimmt. Der Torwart darf sich während der Ausführung auf der Torlinie bewegen, um den Schützen zu irritieren. Die anderen Spieler beider Mannschaften müssen sich außerhalb des Strafraums in einer Entfernung von 9,15 m zum Ball aufstellen (s. Abb. 18). Bei der Ausführung muss der Schiedsrichter darauf achten, dass der Ball nach vorne in Richtung Tor gespielt wird und der Spieler seinen Anlauf nicht unterbricht. Der ausführende Spieler darf den Ball erst wieder spielen, wenn er von einem anderen Spieler berührt wurde. Die Abseitsregel ist beim Strafstoß nicht aufgehoben.

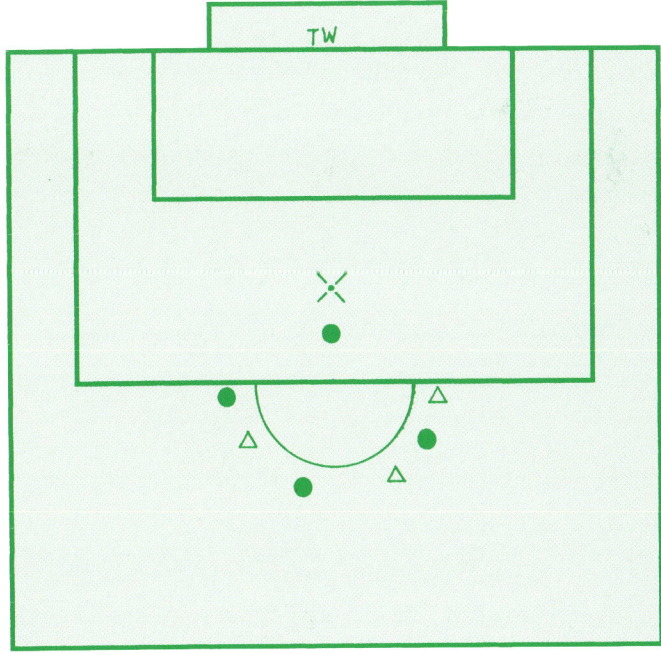

Abb. 18

Strafstoß

Übung 1

Organisation: Der ausführende Spieler läuft an, täuscht einen Schuss ins rechte untere Toreck an und schießt den Ball flach ins linke Toreck (s. Abb. 19).

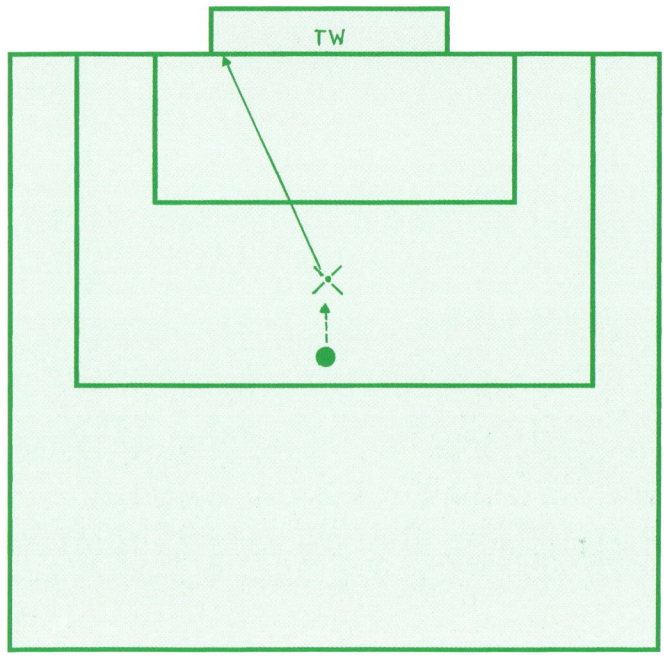

Abb. 19

Dauer/Intensität: 2 x 10 Strafstöße / Spieler.

Material: Zwanzig Bälle.

Hinweis: Die Beschreibung und die Zeichnung bei allen Strafstoßübungen erfolgt immer aus der Sicht des Schützen!

Tipp: Der ausführende Spieler sollte möglichst lange den Torwart und seine Reaktionen beobachten. Der Torwart kann durch seitliche Bewegungen auf der Torlinie den Schützen irritieren und einen Fehler provozieren. Der Torwart sollte nicht auf die Bewegungen des Oberkörpers beim Schützen schauen, sondern sollte sich mehr auf dessen Füße und den Ball konzentrieren. Das weite Ausbreiten der Arme macht den Torwart größer und verkleinert dadurch den Raum zwischen den Torpfosten und dem Torwart erheblich.

Strafstoß

Übung 2
Organisation: Wie Übung 1 – der ausführende Spieler läuft an, täuscht einen Schuss ins linke untere Toreck an und schießt den Ball flach ins rechte untere Toreck.

Dauer/Intensität: 2 x 10 Strafstöße / Spieler.
Material: Zwanzig Bälle.

Strafstoß

Übung 3

Organisation: Der ausführende Spieler läuft an, täuscht einen Schuss ins rechte untere Toreck an und schießt den Ball ins linke obere Toreck (s. Abb. 20).

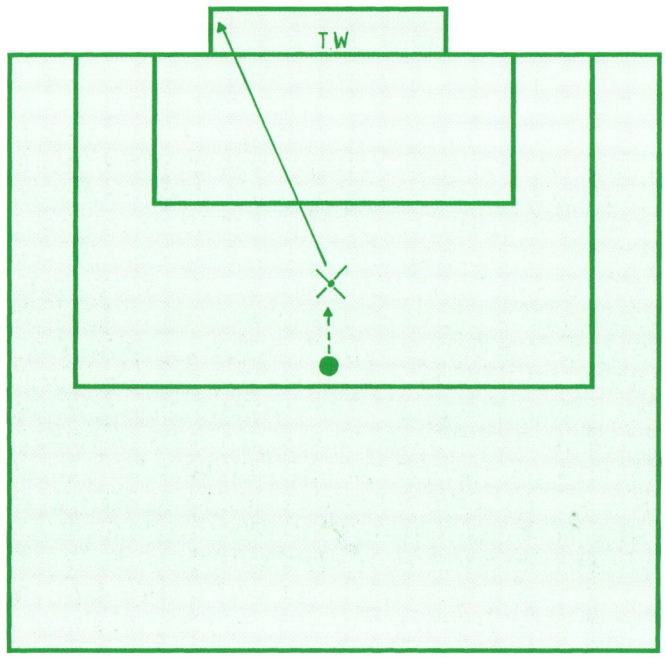

Abb. 20

Dauer/Intensität: 2 x 10 Strafstöße / Spieler.

Material: Zwanzig Bälle.

Tipp: Der Täuschungseffekt für den Torwart ist bei dieser Ausführung besonders wirkungsvoll. Die Gefahr, dass der Schütze den Ball verschießt, ist besonders groß.
Nur ein intensives Training gibt die nötige Sicherheit.

Strafstoß

Übung 4
Organisation: Wie Übung 3 – der ausführende Spieler läuft an, täuscht einen Schuss nach links unten an und schießt den Ball ins rechte obere Toreck.

Dauer/Intensität: 2 x 10 Strafstöße / Spieler.
Material: Zwanzig Bälle.

Strafstoß

Übung 5

Organisation: Der ausführende Spieler läuft an, täuscht einen Schuss ins rechte untere Toreck an, sodass sich der Torwart in diese Ecke bewegt und schießt den Ball hart in die Mitte unter die Torlatte (s. Abb. 21).

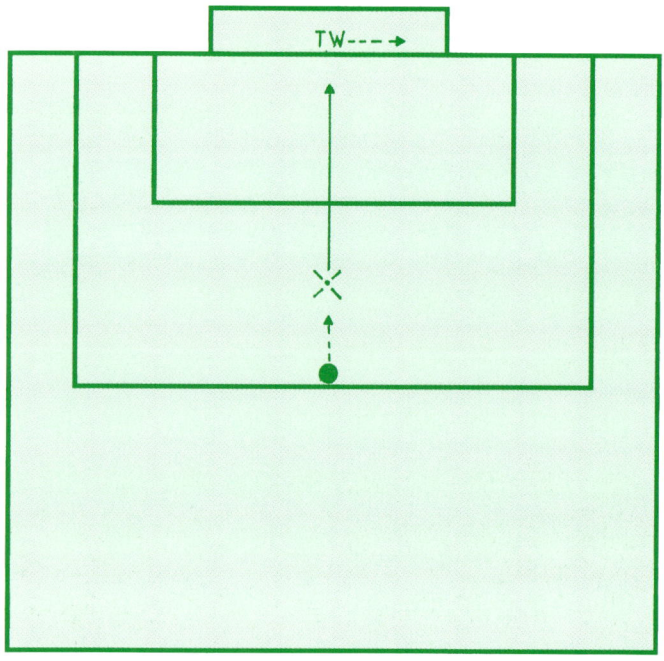

Abb. 21

Dauer/Intensität: 2 x 10 Strafstöße / Spieler.
Material: Zwanzig Bälle.

Strafstoß

Übung 6

Organisation: Wie Übung 5 – der ausführende Spieler läuft an, täuscht einen Schuss ins linke untere Toreck an, sodass sich der Torwart in diese Ecke bewegt und schießt den Ball hart in die Mitte unter die Torlatte.

Dauer/Intensität: 2 x 10 Strafstöße / Spieler.
Material: Zwanzig Bälle.
Tipp: Der Schütze sollte bei der Ausführung darauf achten, dass er während des Schusses seinen Oberkörper über dem Ball lässt, damit der Ball nicht über das Tor geht. Der Vollspannstoß sollte perfekt beherrscht werden.

Strafstoß

Übung 7

Organisation: Der ausführende Spieler läuft an (1), täuscht einen Schuss an, spielt den Ball auf einen Mitspieler (2), der einen Querpass auf ihn zurückspielt (3 + 4) und dann erfolgt der Schuss auf das Tor (5) (s. Abb. 22).

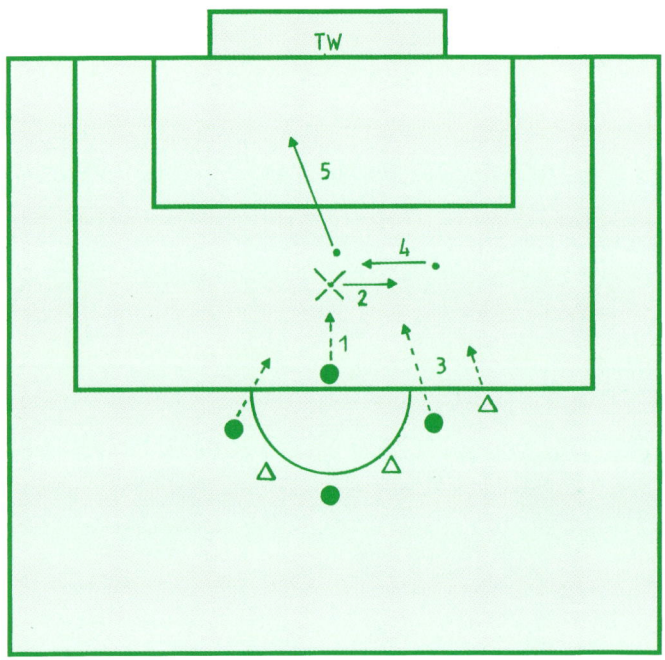

Abb. 22

Dauer/Intensität: Zwanzig Strafstöße / Übungsgruppe.
Material: Zwanzig Bälle.

Strafstoß

Übung 8
Organisation: Der ausführende Spieler läuft an, täuscht einen harten, flachen Schuss in das linke untere Toreck an, in das sich der Torwart bewegt und lupft den Ball ins andere Toreck oder in die Mitte (s. Abb. 23).

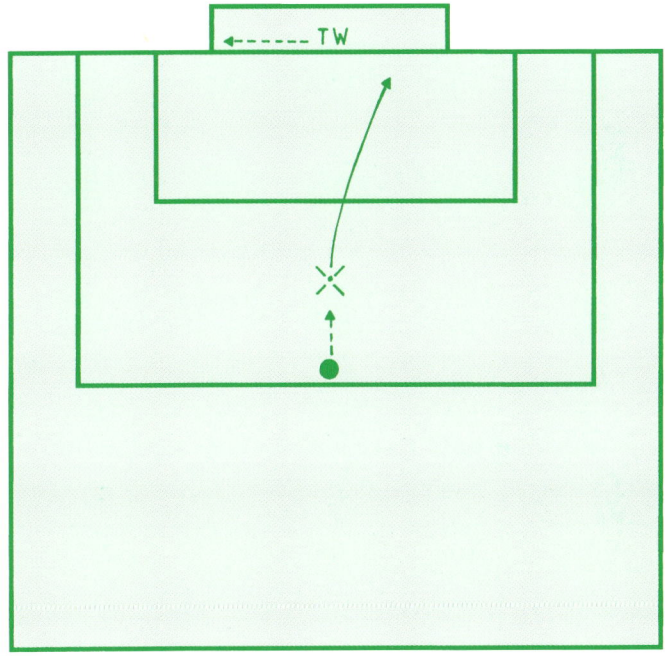

Abb. 23

Dauer/Intensität: 20-30 Freistöße / Spieler.
Material: Zehn Bälle.
Tipp: Der verzögerte Torschuss setzt ein hohes Maß an Raffinesse und Coolness beim Schützen voraus.

Strafstoß

Übung 9

Organisation: Der ausführende Spieler läuft an, täuscht einen Schuss mit dem rechten Fuß an, dreht sich dabei schnell um 180° und schießt den Ball mit der linken Hacke auf das Tor (s. Abb. 24).

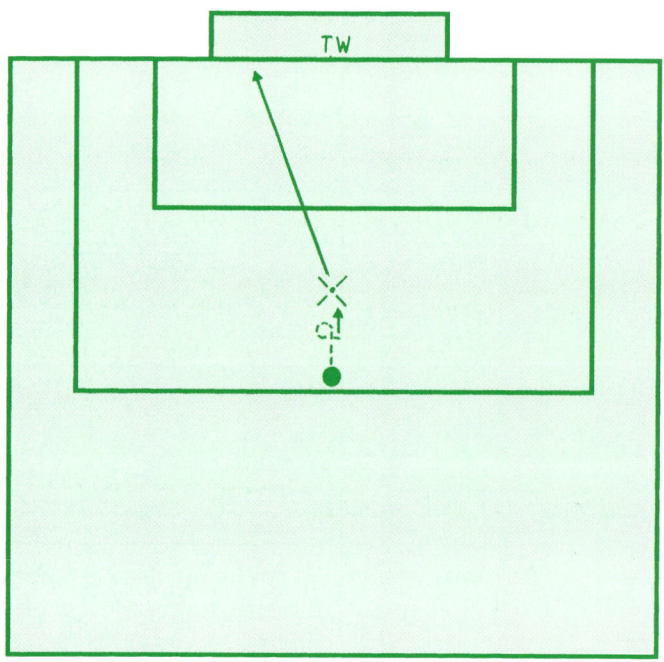

Abb. 24

Dauer/Intensität: 20-30 Strafstöße / Spieler.

Material: Zehn Bälle.

Tipp: Diese Art der Ausführung setzt große Koordinations- und Technikfähigkeiten voraus. Es sollte daher schon im Jugendalter mit dem Training begonnen werden. Nur nach jahrelanger Übung stellt sich ein Erfolgserlebnis ein. Diese Technik sollte deshalb mehr zum Spaß und zur Unterhaltung der Zuschauer bei deutlichem Spielstand angewendet werden.

Gerade bei Kindern und Jugendlichen entsteht ein hoher Spaßeffekt.

10 Standardsituation indirekter Freistoß

Freistöße werden grundsätzlich in zwei Gruppen eingeteilt: den indirekten und den direkten Freistoß. Aus dem direkten Freistoß kann unmittelbar ein Tor erzielt werden, während beim indirekten Freistoß der Ball erst von einem anderen Spieler berührt oder gespielt werden muss, bevor ein Tor erzielt werden kann. Bei beiden Freistoßarten müssen die gegnerischen Spieler mindestens 9,15 m vom Ball entfernt sein.

Das Verhalten bei Freistößen in der Offensive und in der Defensive zeigt unterschiedliche Strukturen.

Verhalten bei Freistößen in der Offensive:

- Schnelle Ausführung.

- Dribblings in Strafraumnähe erhöhen die Chancen auf einen Freistoß.

- Unorganisierte Abwehrformation ausnützen.

- Nachschussmöglichkeiten suchen.

- Tiefenstaffelung der eigenen Mannschaft gegen Konterspiel der abwehrenden Mannschaft.

- Variantenreiche Ausführungen.

Verhalten bei Freistößen in der Defensive:

- Unnötige Fouls in Strafraumnähe vermeiden.

- Exakte Mauerbildung fordern (größere Spieler stehen außen, um Schlenzer zu vermeiden).

- Spieler, die nicht in der Mauer stehen, decken gegnerische Spieler.

- Damit der Freistoß nicht schnell ausgeführt werden kann, sollte sich ein Spieler direkt vor den Ball stellen, bis der Schiedsrichter ihn fortschickt.

- Kommunikation mit dem Torhüter muss gefördert werden.

Indirekter Freistoß

Übung 1

Organisation: Der ausführende Spieler spielt einen Kurzpass auf den rechts von ihm stehenden Mitspieler (1), der den Ball direkt zum dritten Spieler weiterspielt (2) und der dann mit Effet auf das Tor schießt (3) (s. Abb. 25).

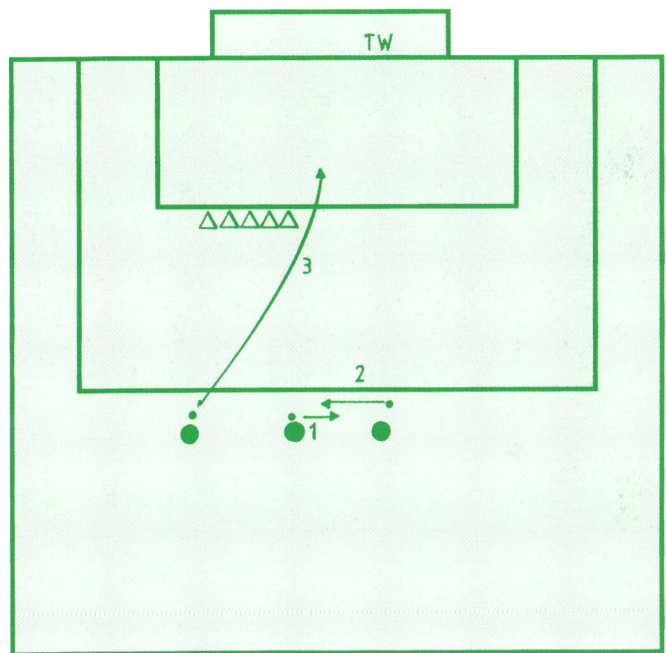

Abb. 25

Dauer/Intensität: Zwanzig Freistöße / Übungsgruppe mit Rollentausch.

Material: Zwanzig Bälle; ein Freistoßmännerset.

Variante: Der Torschütze sollte einmal Rechtsfuß und einmal ein Linksfuß sein.

Tipp: Das Freistoßtraining auf eine lebende Mauer und mit aktiven Abwehrspielern sollte erst nach intensiver Übung erfolgen. Als stationärer Mauersatz können auch aufeinander gestapelte Wasserkisten dienen (im unteren Amateurbereich).

Indirekter Freistoß

Übung 2

Organisation: Der ausführende Spieler täuscht ein Zuspiel auf den links von ihm stehenden Mitspieler an, spielt den Ball aber mit der Sohle zum rechts stehenden Spieler (1), der sofort an der Mauer vorbei auf das Tor schießt (2) (s. Abb. 26).

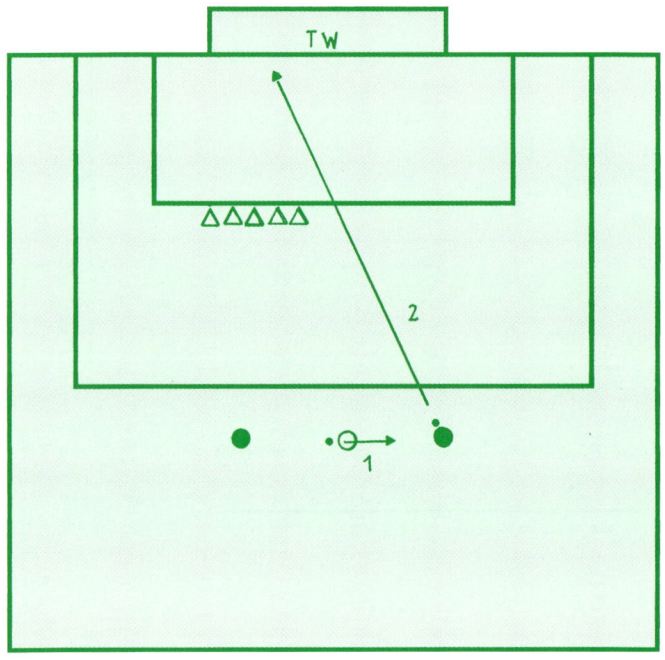

Abb. 26

Dauer/Intensität: Zwanzig Freistöße / Übungsgruppe mit Rollentausch.
Material: Zwanzig Bälle; ein Freistoßmännerset.

Indirekter Freistoß

Übung 3

Organisation: Der ausführende Spieler spielt den Ball nicht zum mittleren Spieler (1), sondern zum rechts anlaufenden Spieler (2), der sofort auf das Tor schießt (3) (s. Abb. 27).

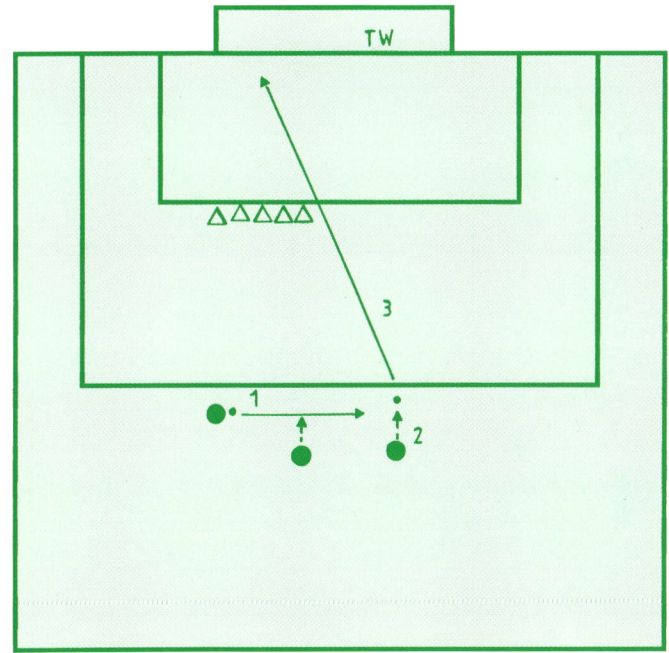

Abb. 27

Dauer/Intensität: Zwanzig Freistöße / Übungsgruppe mit Rollentausch.
Material: Zwanzig Bälle; ein Freistoßmännerset.

Indirekter Freistoß

Übung 4

Organisation: Der ausführende Spieler lupft den Ball (1) über die Mauer auf den links von ihm laufenden Spieler (2), während ein dritter Spieler rechts von ihm zur Täuschung mitanläuft (2) (s. Abb. 28).

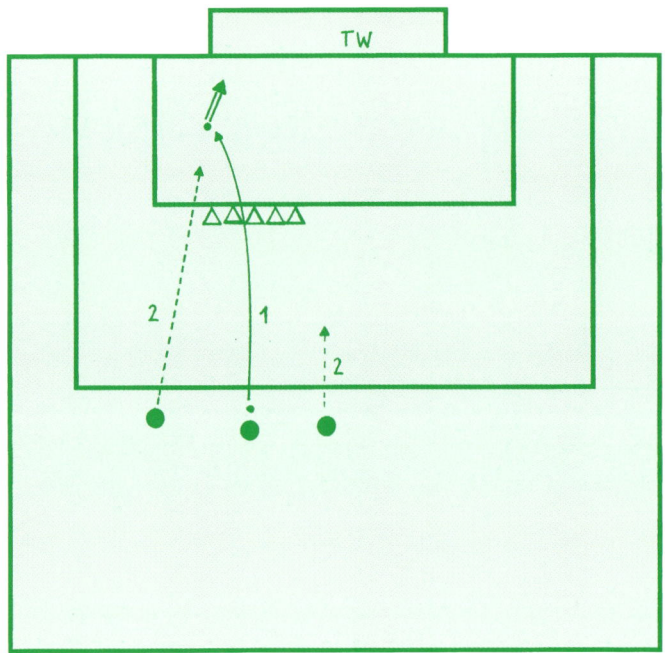

Abb. 28

Dauer/Intensität: Zwanzig Freistöße / Übungsgruppe mit Rollentausch.
Material: Zwanzig Bälle; ein Freistoßmännerset.

Indirekter Freistoß

Übung 5
Organisation: Der ausführende Spieler täuscht ein Zuspiel auf den rechts von ihm stehenden Spieler an, spielt den Ball aber mit der Hacke/Sohle (1) auf den links von ihm stehenden (2), der sofort an der Mauer vorbei auf das Tor schießt (3) (s. Abb. 29).

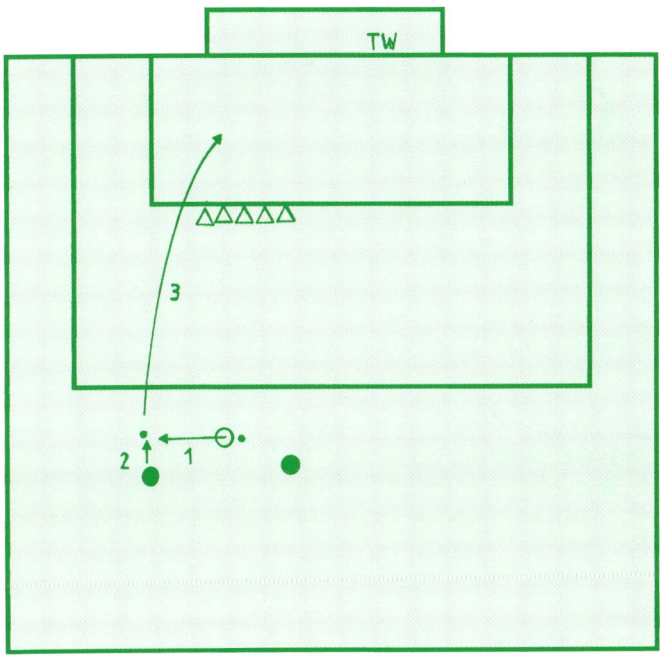

Abb. 29

Dauer/Intensität: Zwanzig Freistöße / Übungsgruppe mit Rollentausch.
Material: Zwanzig Bälle; ein Freistoßmännerset.
Variante: Der ausführende Spieler täuscht ein Anspiel mit der Sohle/Hacke (Fuß auf dem Ball) auf den links von ihm stehenden Spieler an, spielt den Ball aber dann auf den rechts von ihm stehenden Spieler, der sofort an der Mauer vorbei auf das Tor schießt.

Indirekter Freistoß

Übung 6

Organisation: Der ausführende Spieler täuscht ein Zuspiel auf den rechts von ihm stehenden Spieler an, spielt den Ball aber in den Lauf (1) des links nach vorne sprintenden Mitspielers (2), der den Ball von der Torauslinie zurück auf einen sich aus der Mauer lösenden Angreifer spielt (3), der sofort einen Torschuss versucht (4) (s. Abb. 30).

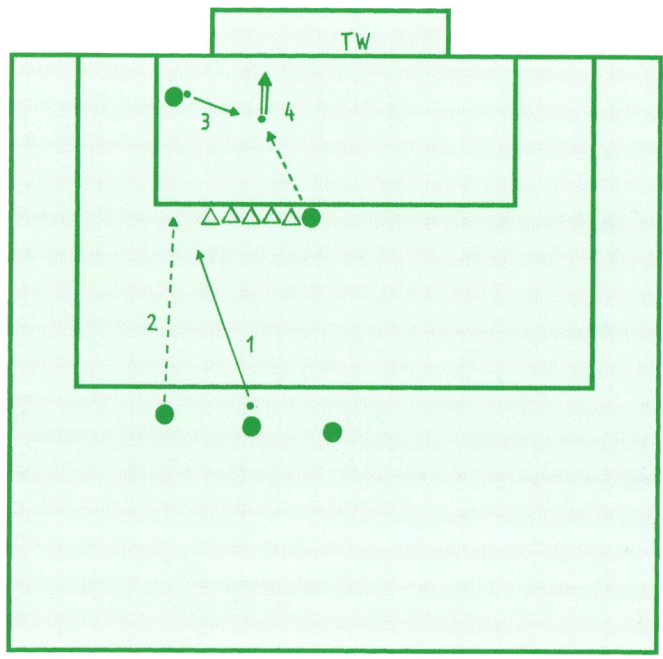

Abb. 30

Dauer/Intensität: Zwanzig Freistöße / Übungsgruppe mit Rollentausch.
Material: Zwanzig Bälle; ein Freistoßmännerset.
Tipp: Die stationäre Mauer kann nach mehreren Übungseinheiten durch eine lebende Mauer ersetzt werden.

Indirekter Freistoß

Übung 7

Organisation: Der ausführende Spieler spielt einen Kurzpass auf den in der Mitte stehenden Spieler (1), der den Ball abprallen (2) lässt und den Ball im Sprint um den Mitspieler mitnimmt (3) und sofort auf das Tor schießt (4). Der rechts wartende Spieler bietet sich ebenfalls zum Anspiel an (5) (s. Abb. 31).

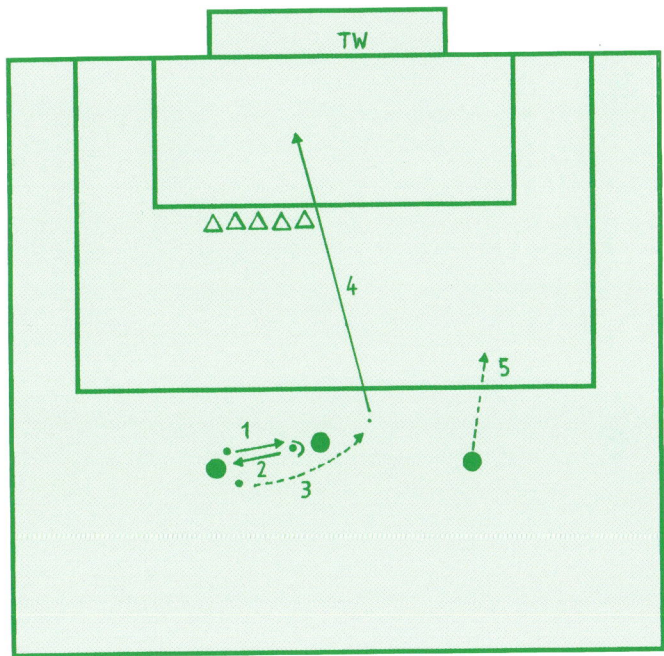

Abb. 31

Dauer/Intensität: Zwanzig Freistöße / Übungsgruppe mit Rollentausch.
Material: Zwanzig Bälle; ein Freistoßmännerset.
Tipp: Der sich auf (5) anbietende Spieler kann mit Doppelpass in die Spielaktion mit einbezogen werden.

Indirekter Freistoß

Übung 8

Organisation: Drei Spieler bieten sich dem ausführenden Spieler an, der den Ball über die Mauer schlenzt (1). Gleichzeitig starten drei weitere Spieler in den Strafraum (2) und versuchen einen Torschuss (3) (s. Abb. 32).

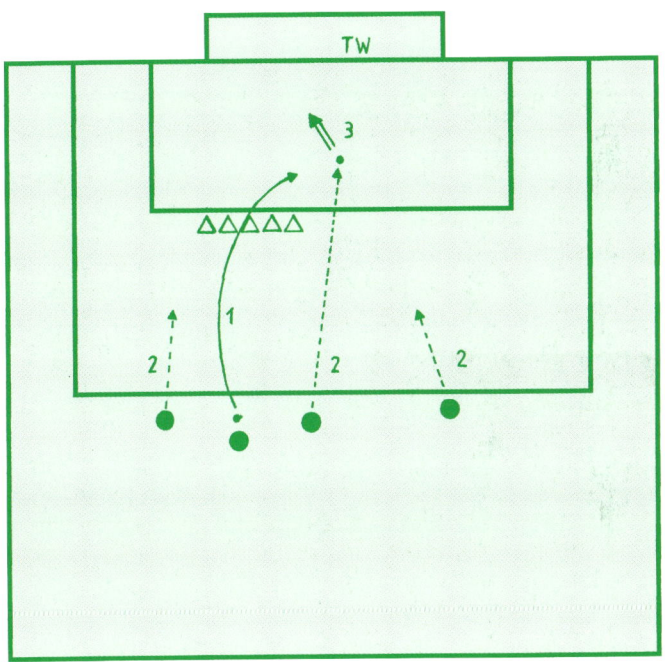

Abb. 32

Dauer/Intensität: Zwanzig Freistöße / Übungsgruppe mit Rollentausch.
Material: Zwanzig Bälle, ein Freistoßmännerset.
Tipp: Übung auch von der anderen Seite üben lassen!

Indirekter Freistoß

Übung 9

Organisation: Der ausführende Spieler täuscht ein Zuspiel auf den links startenden Spieler an, spielt den Ball aber auf den in der Mauer stehenden Spieler (1), der den Ball seitlich abprallen lässt (2) zum aufgerückten Mitspieler (3), der sofort auf das Tor schießt (4) (s. Abb. 33).

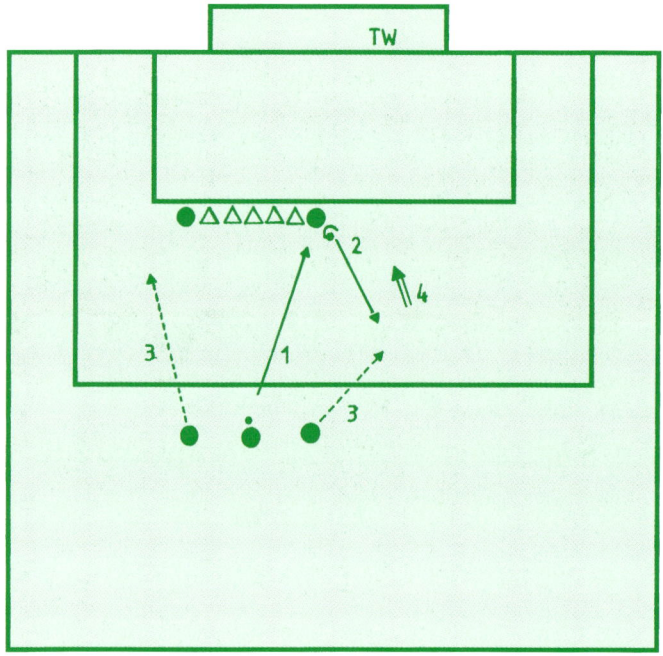

Abb. 33

Dauer/Intensität: Zwanzig Freistöße / Übungsgruppe mit Rollentausch.
Material: Zwanzig Bälle; ein Freistoßmännerset.

Indirekter Freistoß

Übung 10

Organisation: Der ausführende Spieler spielt einen Querpass (1) auf den rechts stehenden Spieler, der den Ball sofort über die Mauer weiterspielt (2) auf den startenden Spieler (3) (s. Abb. 34). Der Spieler unter (4) sprintet während der Ausführung aus der Mauer, um die abwehrenden Spieler zu irritieren.

Rückpass oder Torschuss durch den annehmenden Spieler.

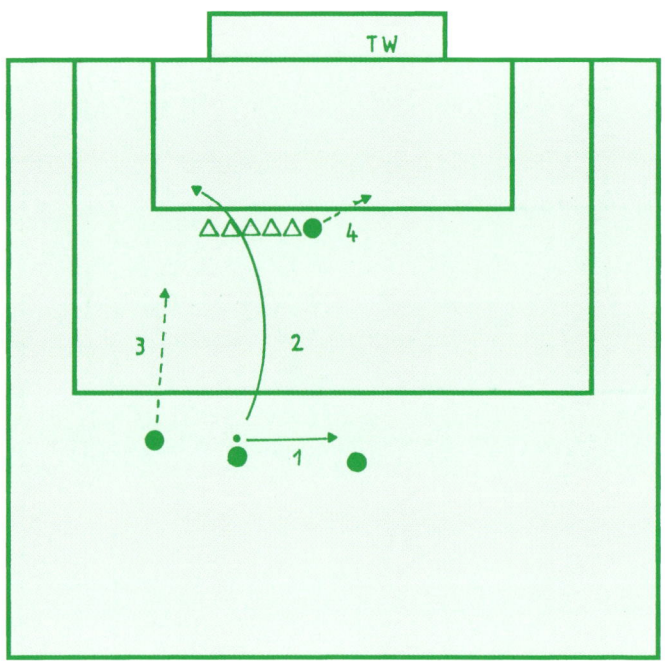

Abb. 34

Dauer/Intensität: Zwanzig Freistöße / Übungsgruppe mit Rollentausch.
Material: Zwanzig Bälle; ein Freistoßmännerset.
Tipp: Bei der Ausführung darauf achten, dass die Koordination zwischen Zuspiel und Start zum Ball stimmt!

Indirekter Freistoß

Übung 11
Organisation: Der ausführende Spieler täuscht ein Zuspiel auf den links von ihm stehenden Mitspieler an, spielt den Ball aber hoch über die Mauer (zwei Spieler) (1) auf einen nach innen startenden Spieler (2), der mit Kopfball oder Schuss zum Torerfolg kommen soll (3) (s. Abb. 35).

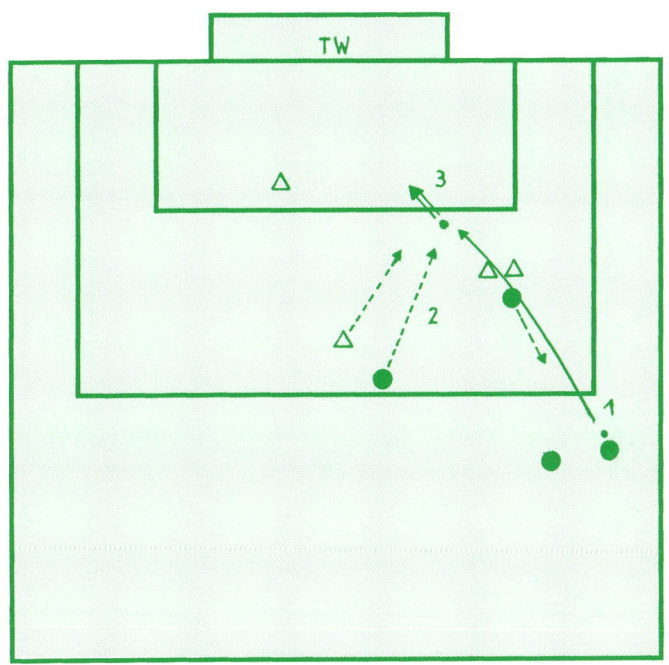

Abb. 35

Dauer/Intensität: Zwanzig Freistöße / Übungsgruppe mit Rollentausch.
Material: Zwanzig Bälle.
Tipp: Freistöße, die von schräg seitlich hereingespielt werden, benötigen in der Regel nur zwei bis drei Spieler für eine Mauer. Alle anderen Abwehrspieler verteilen sich im Strafraum und praktizieren Manndeckung.
Auch von der anderen Seite üben lassen!

Indirekter Freistoß

Übung 12

Organisation: Der ausführende Spieler spielt eine hohe Flanke mit Effet auf die gegenüberliegende Seite (1). Während der Ausführung sprintet ein Spieler nach innen (2) und köpft auf das Tor (3). Der Spieler unter (1) sprintet im Moment der Flanke in Richtung Strafraumgrenze, um die Abwehrmauer zu täuschen (s. Abb. 36).

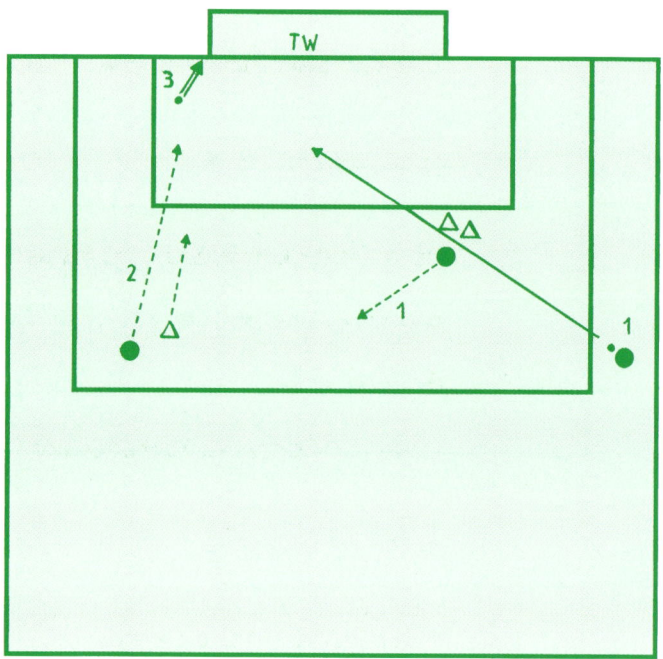

Abb. 36

Dauer/Intensität: Zwanzig Freistöße / Übungsgruppe mit Rollentausch.
Material: Zwanzig Bälle.
Tipp: Auch von der anderen Seite üben lassen!

Indirekter Freistoß

Übung 13

Organisation: Der ausführende Spieler spielt einen Pass auf den in der Mauer stehenden Mitspieler (1), der den Ball zurück abprallen lässt (2) und den nachgerückten Spieler (3) in den Lauf anspielt. Dieser flankt den Ball in den Strafraum (4) (s. Abb. 37).

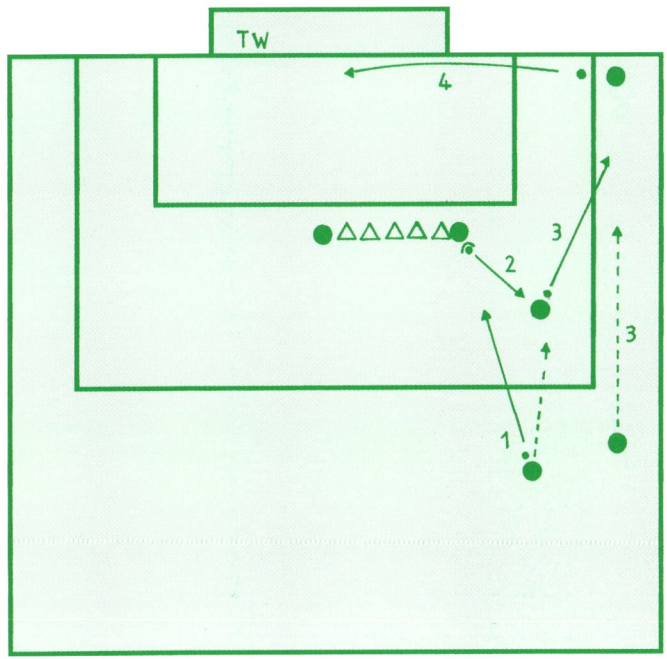

Abb. 37

Dauer/Intensität: Zwanzig Freistöße / Übungsgruppe mit Rollentausch.
Material: Zwanzig Bälle.

Indirekter Freistoß

Übung 14

Organisation: Der ausführende Spieler spielt den links neben ihm stehenden Spieler an (1), der blitzschnell die Beine öffnet und den Ball passieren lässt (2), damit der links außen stehende Spieler den Ball an der Mauer vorbei auf das Tor schießen kann (3) (s. Abb. 38).

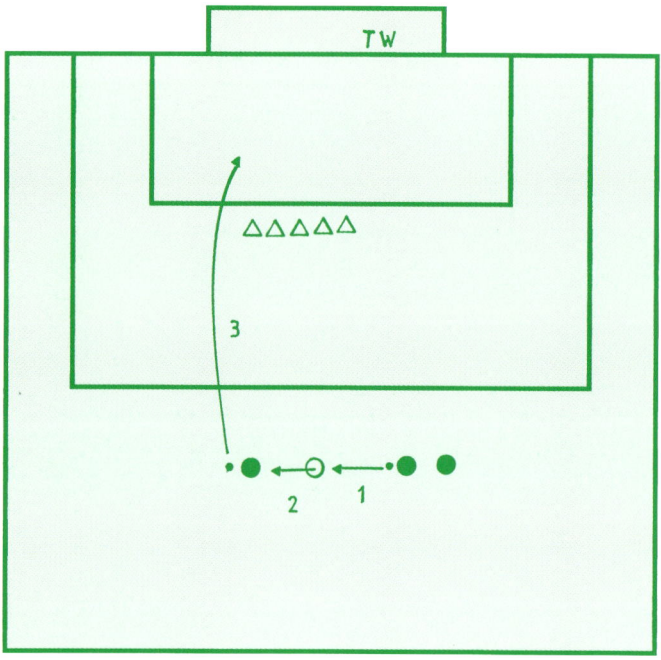

Abb. 38

Dauer/Intensität: Zwanzig Freistöße / Übungsgruppe mit Rollentausch.

Material: Zwanzig Bälle; ein Freistoßmännerset.

Variante: Nicht der ganz links stehende Spieler erhält den Ball, sondern der Spieler, der ganz rechts steht.

Tipp: Der Spieler unter (3) sollte ein Linksfüßler sein (bessere Effetwirkung).

Indirekter Freistoß

Übung 15

Organisation: Der ausführende Spieler täuscht ein Zuspiel mit Sohle (Fuß ist auf dem Ball) zum links stehenden Spieler an, lupft den Ball aber gleichzeitig auf den rechts stehenden an (2), der direkt auf das Tor schießt (3) (s. Abb. 39).

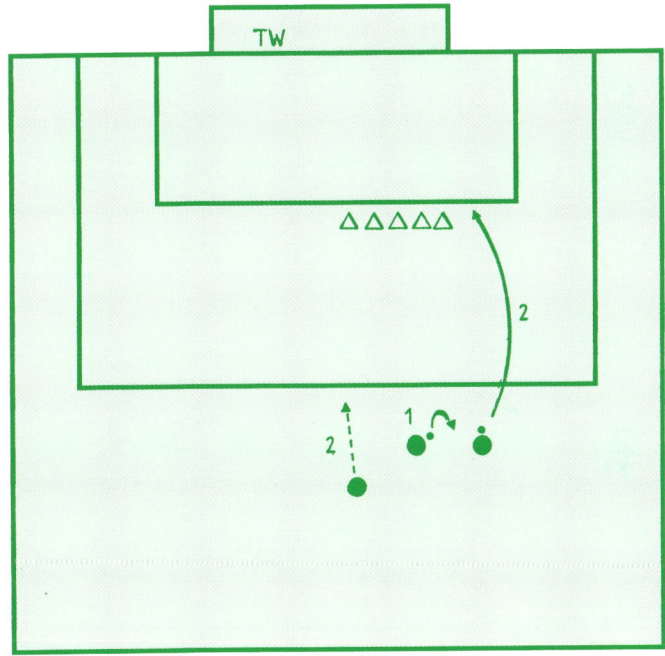

Abb. 39

Dauer/Intensität: Zwanzig Freistöße / Übungsgruppe mit Rollentausch.

Material: Zwanzig Bälle; ein Freistoßmännerset.

Variante: Der ausführende Spieler täuscht ein Zuspiel mit der Sohle nach links an, spielt den Ball aber nach rechts (der Ball wird mit der Sohle nach vorne gespielt).

Indirekter Freistoß

Übung 16

Organisation: Drei Spieler stehen zur Ausführung bereit. Zwei Spieler kreuzen vor dem Schützen (1), der den Ball weit auf die linke Seite zu einem weiteren Mitspieler spielt, der den Gegenspieler mit einer Körperfinte täuscht (3) und sofort auf das Tor schießt (4) (s. Abb. 40).

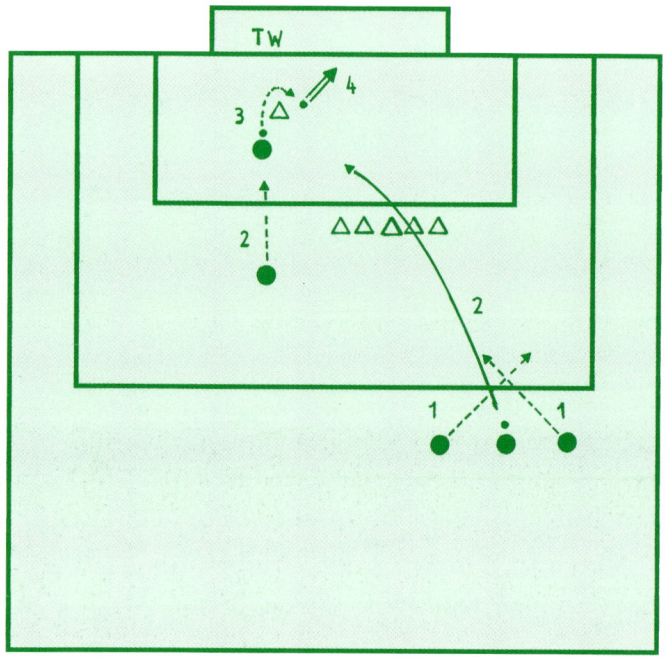

Abb. 40

Dauer/Intensität: Zwanzig Freistöße / Übungsgruppe mit Rollentausch.

Material: Zwanzig Bälle; ein Freistoßmännerset.

11 Standardsituation direkter Freistoß

Auf direkten Freistoß entscheidet der Schiedsrichter bei verbotenem Spiel und unsportlichem Verhalten:

- Wenn ein Spieler einen Gegner tritt oder versucht, ihn zu treten.

- Wenn ein Spieler einem Gegner das Bein stellt, worunter auch ein zu Fall bringen zu verstehen ist.

- Wenn ein Spieler einen Gegner anspringt oder in gefährlicher Weise von hinten rempelt.

- Wenn ein Spieler einen Gegner schlägt oder versucht, ihn zu schlagen.

- Wenn ein Spieler einen Gegner am Trikot oder Arm festhält oder stößt.

- Wenn ein Spieler den Ball mit der Hand spielt, trägt oder wirft (außer Torwart in seinem Strafraum).

Direkter Freistoß

Übung 1

Organisation: Drei Spieler stehen zur Ausführung bereit. Der mittlere Spieler schießt den Ball mit starkem Effet um die Mauer ins rechte untere Toreck (s. Abb. 41).

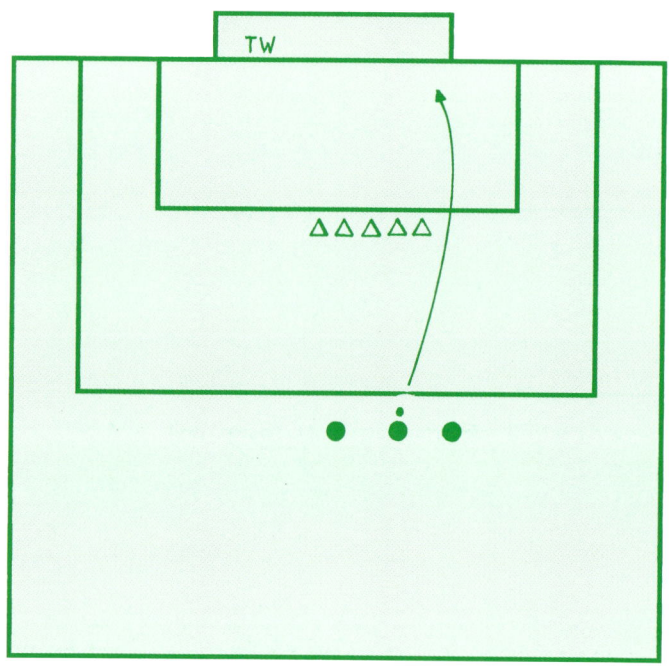

Abb. 41

Dauer/Intensität:	20-30 Freistöße.
Material:	Zwanzig Bälle; ein Freistoßmännerset oder fünf Spieler.
Variante:	Übung wie vor, Ball wird in das rechte obere Toreck geschossen.
Tipp:	Um die gegnerische Mauer zu irritieren, können sich zwei Angreifer in die Mauer stellen.

Direkter Freistoß

Übung 2
Organisation: Drei Spieler stehen zur Ausführung bereit. Zwei Spieler starten während der Ausführung in Richtung Torauslinie und Elfmeterpunkt. Der ausführende Spieler schießt den Ball mit Effet (Linksfuß) über die Mauer ins rechte obere Toreck (s. Abb. 42).

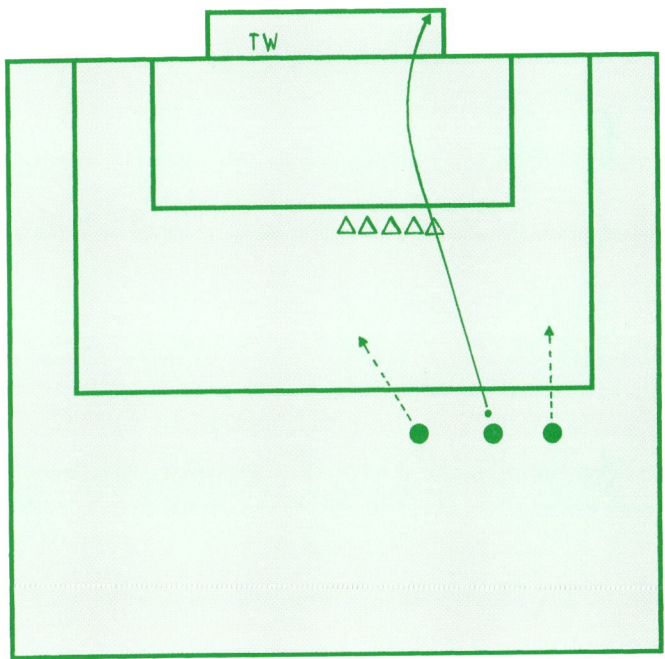

Abb. 42

Dauer/Intensität: 20-30 Freistöße.
Material: Zwanzig Bälle; ein Freistoßmännerset.
Variante: Übung wie vor, der ausführende Spieler schießt den Ball ins rechte untere Toreck.

Direkter Freistoß

Übung 3

Organisation: Drei Spieler stehen zur Ausführung bereit. Zwei weitere Angreifer stehen rechts und links in der gegnerischen Mauer. Während der ausführende Spieler anläuft, bewegt sich der rechts in der Mauer stehende Spieler aus der Mauer und der Schütze schießt den Ball mit Effet ins linke Toreck (s. Abb. 43).

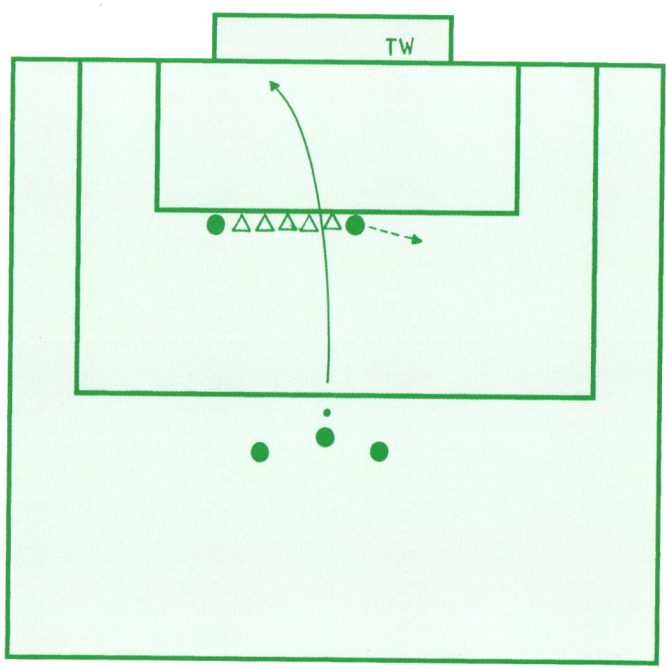

Abb. 43

Dauer/Intensität: Zwanzig Freistöße.
Material: Zwanzig Bälle; ein Freistoßmännerset oder fünf Spieler.
Variante: Ausführung wie vor, der ausführende Spieler schießt den Ball links über die Mauer ins linke Toreck.

Direkter Freistoß

Übung 4

Organisation: Drei Spieler stehen zur Ausführung bereit. Der mittlere Spieler läuft an und schießt den Ball mit dem Außenspann des linken Fußes mit Effet ins rechte obere Toreck (Spezialtrick des Brasilianers Roberto Carlos) (s. Abb. 44).

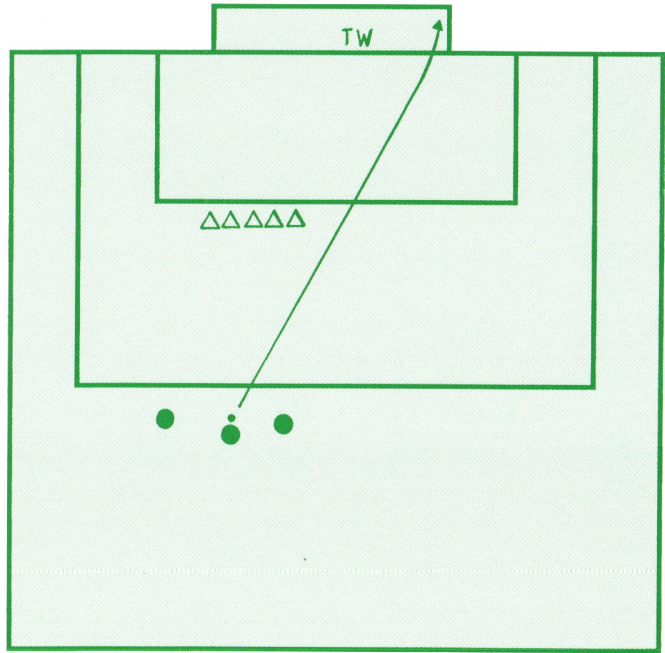

Abb. 44

Dauer/Intensität: Zwanzig Freistöße.

Material: Zwanzig Bälle; ein Freistoßmännerset.

Variante: Die beiden anderen Spieler kreuzen bei Anlauf vor dem Schützen.

Direkter Freistoß

Übung 5

Organisation: Drei Spieler stehen zur Ausführung bereit. Zwei weitere Angreifer stehen in der gegnerischen Mauer. Während der Ausführung duckt sich der links in der Mauer stehende Spieler, damit der Schütze den Ball durch die Lücke schießen kann (s. Abb. 45).

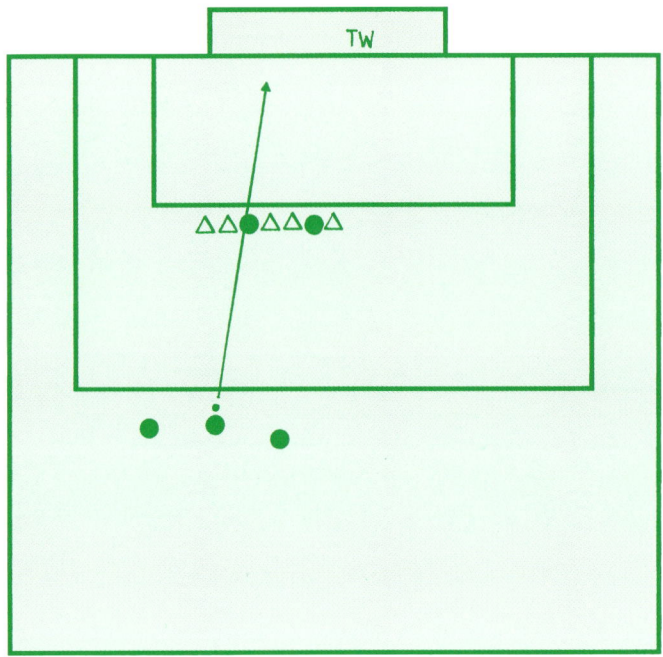

Abb. 45

Dauer/Intensität: Zwanzig Freistöße.

Material: Zwanzig Bälle; ein Freistoßmännerset oder fünf Spieler.

Variante: Die beiden anderen Spieler kreuzen bei Anlauf vor dem Schützen.

Tipp: Hoher Schwierigkeitsgrad. Häufiges Üben notwendig!

Hinweis: Direkte Freistöße, die seitlich zwischen Strafraum und Seitenauslinie gepfiffen werden, können meist nur als indirekte Freistöße ausgeführt werden, da der Winkel zum Tor zu spitz ist und die Trefferquote sehr niedrig ist. Wird der Ball bei solchen direkten

Freistößen sehr hart auf das Tor geschossen, besteht die Möglichkeit, dass der Ball von der abwehrenden Mannschaft ins eigene Tor abgefälscht wird (s. Abb. 46). Bei Freistößen aus mehr als 35 Metern sollte auf eine Mauer verzichtet werden, um dem Torwart die freie Sicht auf den Schützen zu lassen.

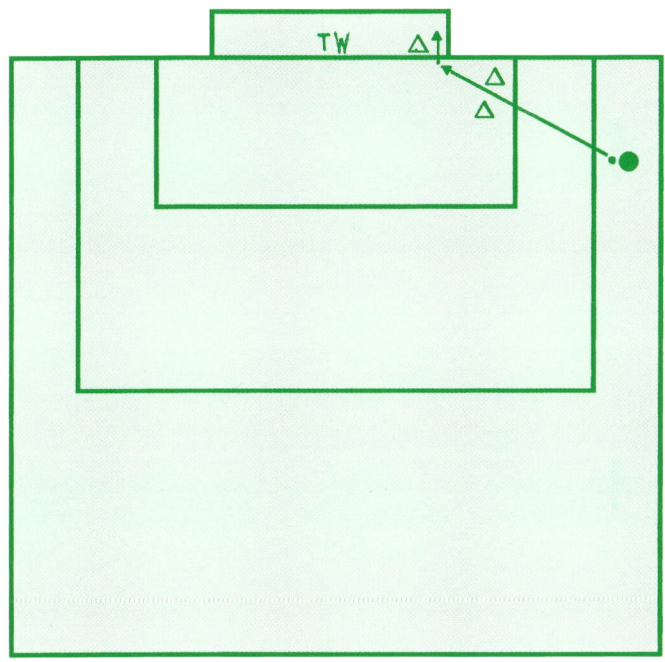

Abb. 46

12 Standardsituation Einwurf

Der Einwurf zählt zu den häufigsten Standardsituationen im Spiel. Die korrekte und variantenreiche Ausführung ist das beste Mittel zum erfolgreichen Angriffsspiel. Vor allem in Tornähe ergeben sich zahlreiche Möglichkeiten, aus einem geschickt ausgeführten Einwurf eine Toraktion zu provozieren.

Bei der Ausführung des Einwurfs ist kein Pfiff des Schiedsrichters notwendig. Da der Ball bei der Ausführung mit beiden Händen geworfen werden muss, entsteht eine größere Präzision als mit dem Fuß. Die Abseitsregel ist beim Einwurf aufgehoben.

Beim Einwurf sollten folgende Dinge beachtet werden:

- Regelgerechte Ausführung (Ball mit beiden Händen hinter dem Kopf halten, Füße bleiben fest am Boden).

- Genauigkeit und Weite (nicht in Hüfthöhe werfen, da sonst die Ballannahme erschwert wird).

- Schnelle und überraschende Ausführung, damit der Gegner sich nicht formieren kann.

- In der Nähe des eigenen Strafraums sollte der Ball in Spielrichtung geworfen werden, damit der Gegner nicht in Ballbesitz kommen kann.

- Weite Einwürfe in der Nähe des gegnerischen Strafraums sind für die gegnerische Abwehr schwer berechenbar und bieten den Angreifern gute Tormöglichkeiten.

- Aus einem Einwurf kann direkt kein Tor erzielt werden.

Einwurf

Übung 1

Organisation: Der ausführende Spieler täuscht einen Einwurf auf Spieler B an (1), der in Richtung Torauslinie wegsprintet. Der Einwurf kommt aber zu Spieler A (2), der sofort ein Dribbling gegen den Abwehrspieler beginnt (3) (s. Abb. 47).

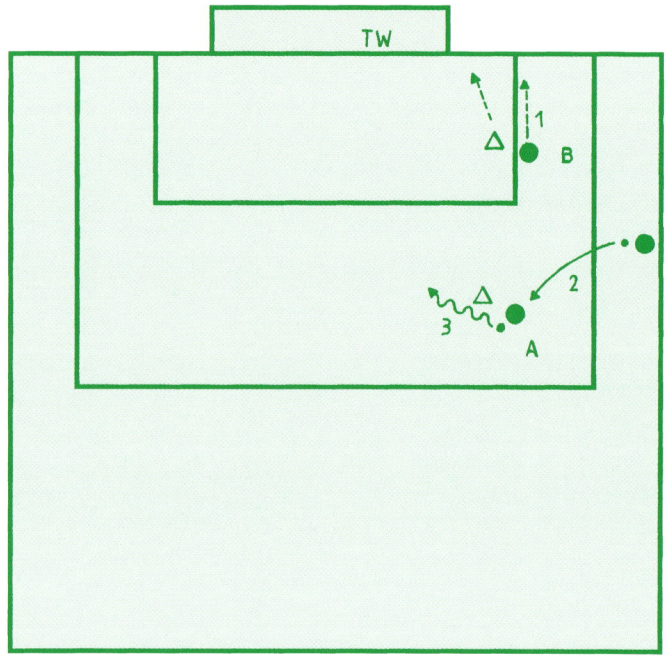

Abb. 47

Dauer/Intensität: 20-30 Einwürfe / Übungsgruppe mit Rollentausch.
Material: Zwanzig Bälle.

Einwurf

Übung 2

Organisation: Die Spieler A und B ziehen ihre Gegenspieler vom ausführenden Spieler weg (1). Spieler C bietet sich durch einen Sprint dem Einwerfer (2) an (s. Abb. 48).

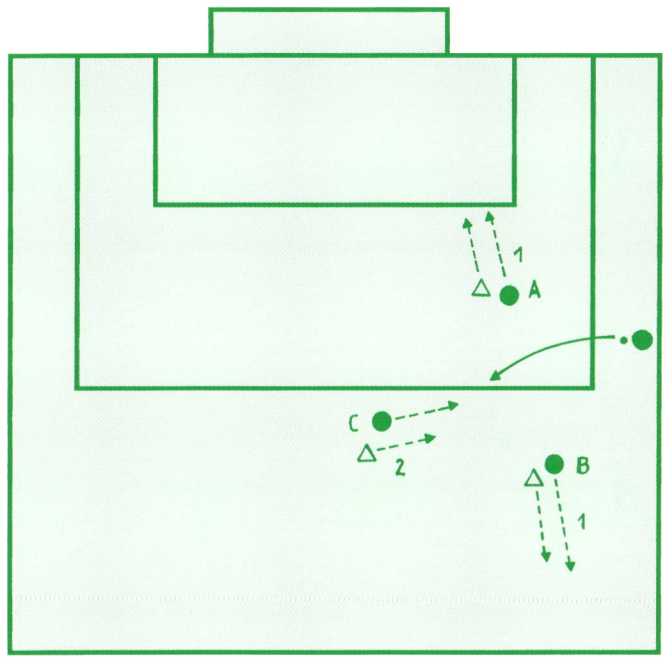

Abb. 48

Dauer/Intensität: 20-30 Einwürfe / Übungsgruppe mit Rollentausch.
Material: Zwanzig Bälle.

Einwurf

Übung 3

Organisation: Die Spieler A und B kreuzen vor dem ausführenden Spieler (1). Spieler A erhält den Einwurf in den Lauf geworfen (2) (s. Abb. 49).

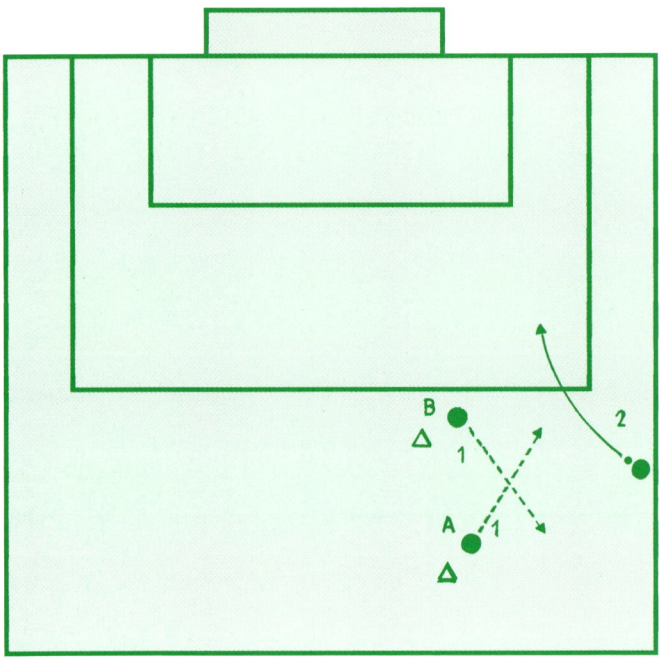

Abb. 49

Dauer/Intensität: 20-30 Einwürfe / Übungsgruppe mit Rollentausch.
Material: Zwanzig Bälle.
Tipp: Den Einwurf mit Flankenball von der Torauslinie beenden lassen.

Einwurf

Übung 4
Organisation: Der ausführende Spieler täuscht einen Einwurf auf Spieler B an (1).
Der Ball kommt aber zu Spieler A (2). Dieser verlängert per Kopf auf Spieler C (3),
der in Richtung Tor läuft (4) (s. Abb. 50).

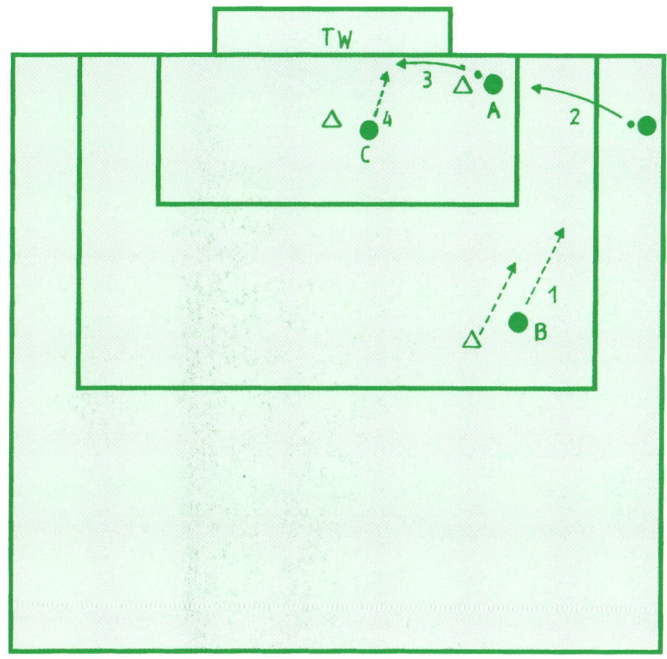

Abb. 50

Dauer/Intensität: 20-30 Einwürfe / Übungsgruppe mit Rollentausch.
Material: Zwanzig Bälle.

Einwurf

Übung 5
Organisation: Der Spieler A bietet sich zum Einwurf an (1). Der Ball wird aber mit einem weiten Einwurf auf Spieler B geworfen (2), der in Richtung Tor läuft (3) (s. Abb. 51).

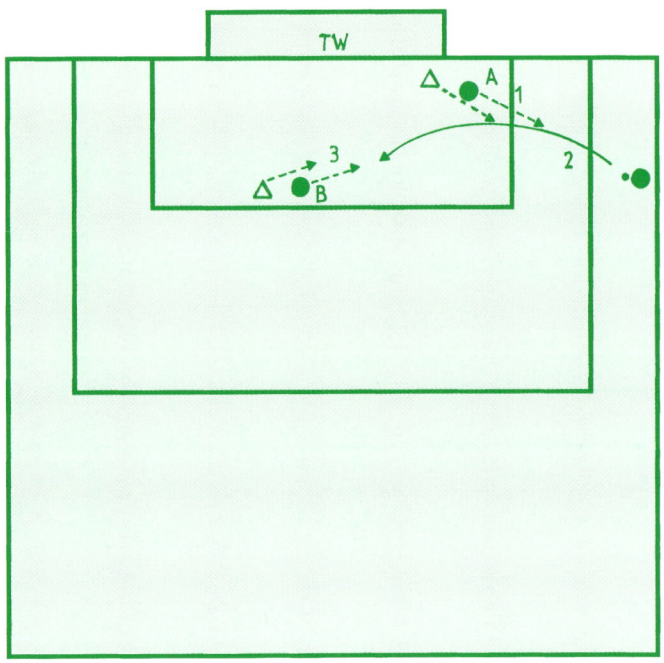

Abb. 51

Dauer/Intensität: 20-30 Einwürfe / Übungsgruppe mit Rollentausch.
Material: Zwanzig Bälle.
Tipp: Bei den ersten Übungseinheiten „Einwurf" werden die Abwehrspieler angewiesen, passiv zu decken. Erst wenn die Laufwege sicher beherrscht werden, können die Abwehrspieler aktiv decken.

Einwurf

Übung 6
Organisation: Spieler A und B laufen nebeneinander auf das Tor zu (1). Plötzlich stoppt Spieler A ab, sprintet zum einwerfenden Spieler zurück (2) und erhält den Einwurf (3) (s. Abb. 52).

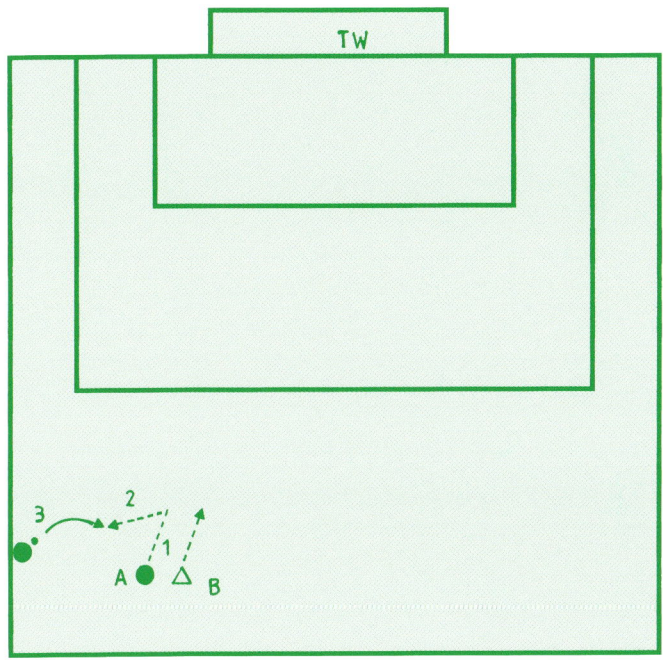

Abb. 52

Dauer/Intensität: Zwanzig Einwürfe / Übungsgruppe mit Rollentausch.
Material: Zwanzig Bälle.

Einwurf

Übung 7
Organisation: Drei Spieler bieten sich dem einwerfenden Spieler an. Spieler A und Spieler B kreuzen zur Täuschung (1). Spieler C sprintet auf den Einwerfer (2) zu und erhält den Einwurf (3) (s. Abb. 53).

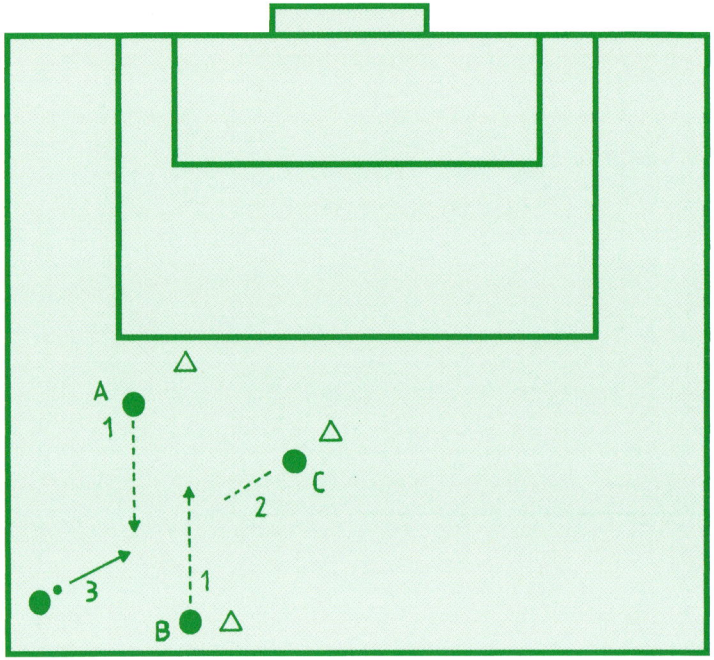

Abb. 53

Dauer/Intensität: Zwanzig Einwürfe / Übungsgruppe mit Rollentausch.
Material: Zwanzig Bälle.

Einwurf

Übung 8

Organisation: Zwei Mannschaften spielen sich durch Einwürfe den Ball untereinander zu und versuchen, ein Tor zu erzielen. Der Ball darf beim Laufen gedribbelt werden (s. Abb. 54).

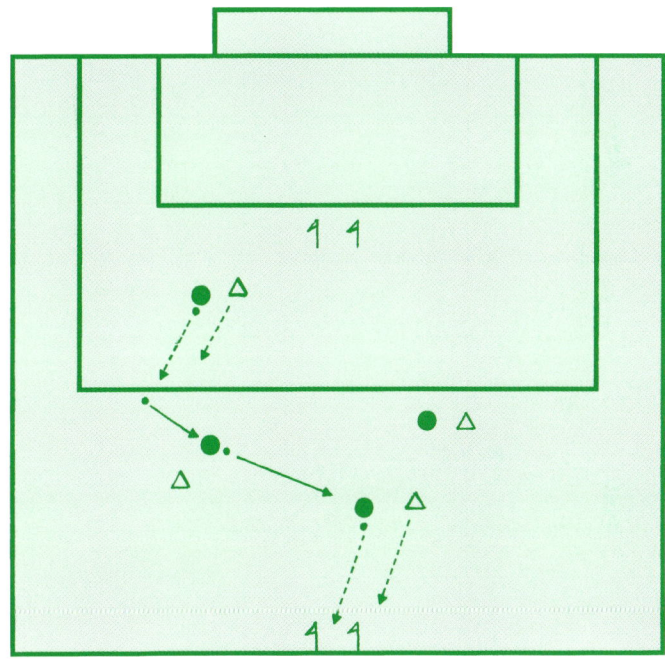

Abb. 54

Dauer/Intensität: 2 x 15 Minuten mit kurzen Pausen.
Material: Ein Ball, vier Torstangen, drei farbige Hemdchen.
Tipp: Der Trainer sollte auf korrekte Technik beim Einwurfspiel achten.

13 Standardsituation Abstoß und Abwurf vom Torwart

Die Standardsituationen „Abstoß und Abwurf vom Torwart" werden in der Regel im Training nicht gesondert geübt, sondern gehören eher zum selbstverständlichen Repertoire eines Torhüters. Der gezielte und präzise Abstoß oder Abwurf hat dann einen das Spiel entscheidenden Charakter, wenn sich aus diesen Standardsituationen gefährliche Momente für die gegnerische Mannschaft ergeben. Nicht selten sind aus solchen Abstößen Tore entstanden.

Deshalb sollten Abstoß und Abwurf systematisch im Training geübt und verbessert werden.

Bei der Ausführung unterscheidet man:

Abstoß flach vom Boden (5-Meter-Linie) aus dem ruhenden Ball.

Abstoß aus der Hand mit dem Fuß aus der Spielaktion heraus.

Abwurf aus der Hand aus der Spielaktion heraus.

Beim Abwurf/Abstoß aus der Hand muss der Torwart darauf achten, dass er den Ball nicht länger als sechs Sekunden hält.

Die Präzision kann durch verschiedene Übungsformen geschult werden:
1. Zielwürfe/Abstöße in unterschiedliche Spielfeldzonen und Entfernungen vom Tor.
2. Zielwürfe/Abstöße in vorgegebene Kreise.
3. Zielwürfe/Abstöße auf Mitspieler, die sich beliebig auf dem Spielfeld verteilen.
4. Zielwürfe/Abstöße auf sich bewegende Mitspieler.
5. Zielwürfe/Abstöße auf sich bewegende Mitspieler, die ‚press' gedeckt werden.
6. Zielwürfe/Abstöße auf die Spitze.

Bei der Annahme der zugeworfenen oder geschossenen Bälle ergeben sich Schwierigkeiten, da die Bälle sehr oft zu hoch, zu weit oder zu kurz vom Torwart gespielt werden. Bälle, die der Torwart aus der Hand wirft, sollten möglichst flach in den Fuß geworfen werden, damit der annehmende Spieler den Ball sofort weiterspielen kann. Bälle die hoch abgeschossen werden, sollten für den annehmenden Spieler maximal in Brusthöhe ankommen.

Abwurf/Abstoß vom Torwart

Übung 1
Organisation: Der Torwart führt Zielwürfe/Abstöße in die vorgegebenen Zonen aus (s. Abb. 55).

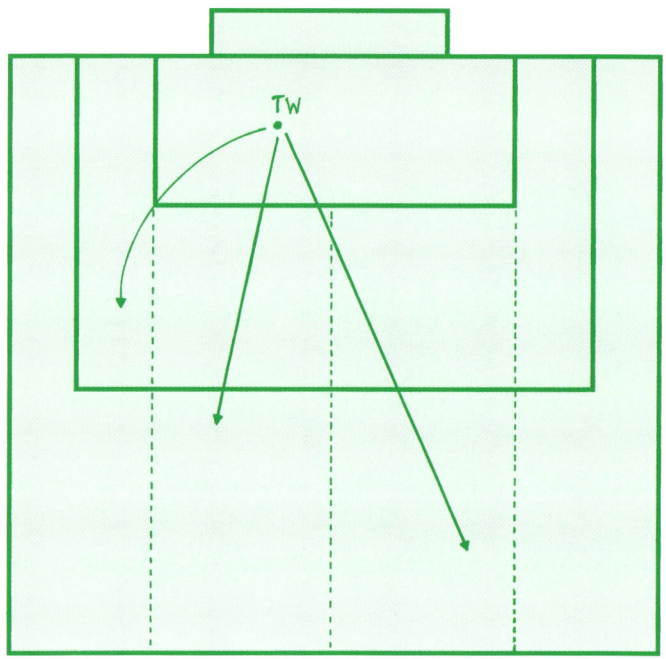

Abb. 55

Dauer/Intensität: Dreißig Minuten mit kurzen Pausen.
Material: Zwanzig Bälle, Markierungshütchen.

Abwurf/Abstoß vom Torwart

Übung 2

Organisation: Der Torwart führt Zielwürfe/Abstöße in die ausgelegten Kreise aus (s. Abb. 56).

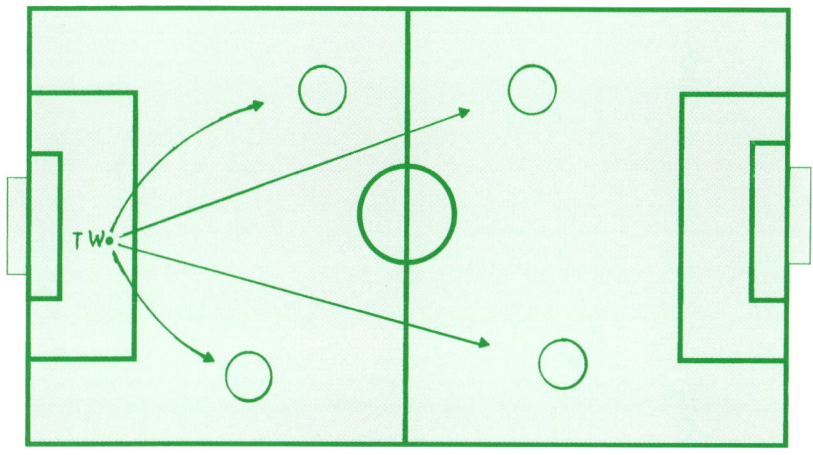

Abb. 56

Dauer/Intensität: Dreißig Minuten mit kurzen Pausen.
Material: Zwanzig Bälle, zehn Gymnastikreifen o. Ä.
Tipp: Die Entfernung der Reifen vom Tor langsam steigern!

Abwurf/Abstoß vom Torwart

Übung 3
Organisation: Der Torwart führt Zielwürfe/Abstöße auf Mitspieler aus, die sich beliebig auf dem Spielfeld aufstellen (Ballannahme üben) (s. Abb. 57).

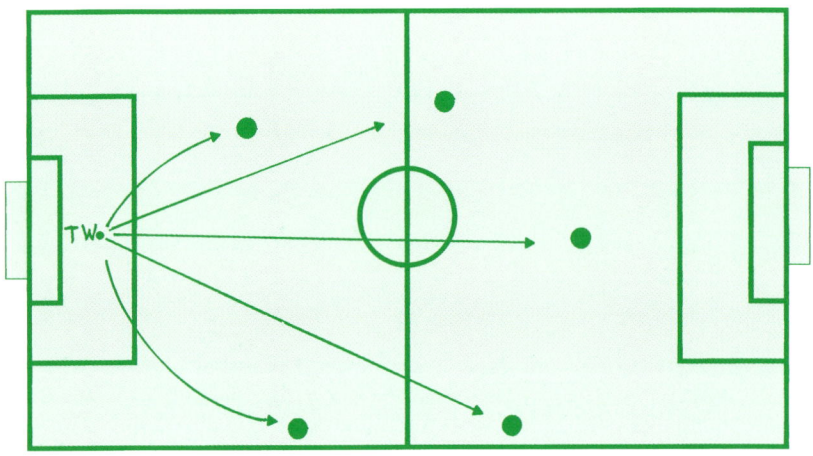

Abb. 57

Dauer/Intensität: Dreißig Minuten mit kurzen Pausen.
Material: Zwanzig Bälle.

Abwurf/Abstoß vom Torwart

Übung 4

Organisation: Der Torwart führt Zielwürfe/Abstöße auf Mitspieler aus, die sich beliebig auf dem Spielfeld bewegen (s. Abb. 58).

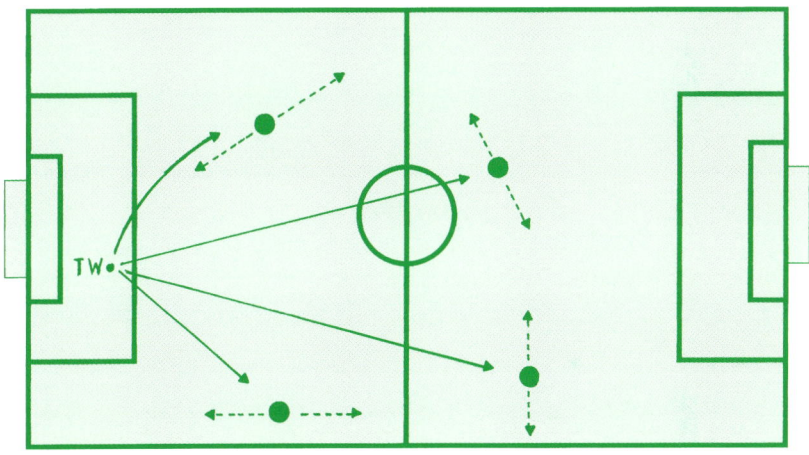

Abb. 58

Dauer/Intensität: Dreißig Minuten mit kurzen Pausen.
Material: Zwanzig Bälle.

Abwurf/Abstoß vom Torwart

Übung 5

Organisation: Der Torwart führt Zielwürfe/Abstöße auf Mitspieler aus, die ‚press' gedeckt werden (s. Abb. 59).

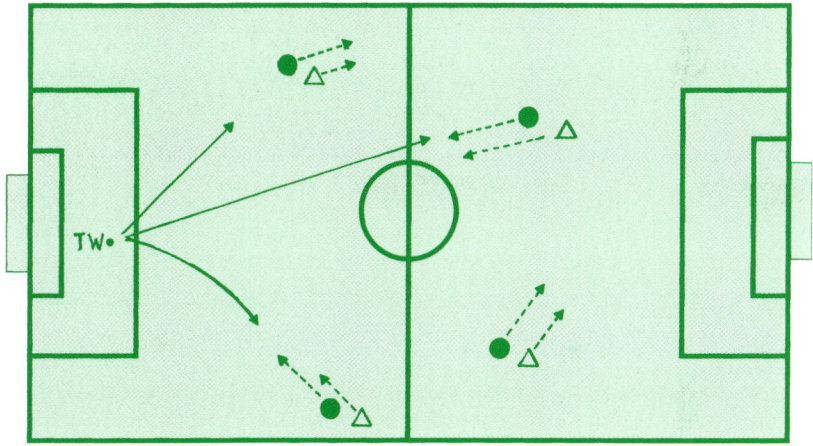

Abb. 59

Dauer/Intensität: Dreißig Minuten mit kurzen Pausen.
Material: Zwanzig Bälle.
Tipp: Die Abwehrspieler sollen sich zu Beginn der Übungsphase eher passiv verhalten.

Abwurf/Abstoß vom Torwart

Übung 6
Organisation: Der Torwart führt Zielabwürfe/Abstöße auf die Spitze aus (s. Abb. 60).

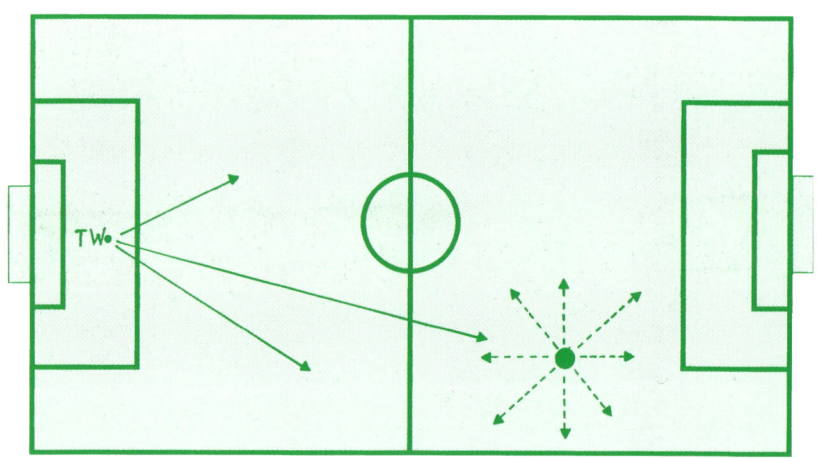

Abb. 60

Dauer/Intensität: Dreißig Minuten mit kurzen Pausen.
Material: Zwanzig Bälle.
Variante 1: Mit Gegenspieler für die Spitze üben lassen.
Variante 2: Die Spitze köpft oder verlängert den Ball zur Seite auf einen mitgelaufenen Spieler.
Variante 3: Die Spitze köpft den Ball ins Mittelfeld zurück.

14 Standardsituation Anstoß

Der Anstoß zu Beginn des Spiels, nach der Halbzeitpause und nach einem Tor, gehört zu den Standardsituationen, denen die ausführende Mannschaft wenig Bedeutung beimisst. Ein unmittelbarer Torerfolg aus einem Anstoß ist relativ selten.
Ein kreativ ausgeführter Anstoß kann jedoch einen Überraschungseffekt beim Gegner erzeugen.

Bei der Ausführung des Anstoßes sind folgende Punkte zu beachten:

Alle Spieler stehen in der eigenen Hälfte.

Der Ball muss in die gegnerische Hälfte gespielt werden.

Die Mannschaft, die den Anstoß nicht ausführt, muss 9,15 m vom Ball entfernt sein.

Der Spieler, der den Anstoß ausgeführt hat, darf den Ball nicht ein zweites Mal spielen, bevor dieser von einem anderen Spieler gespielt oder berührt worden ist.

Aus einem Anstoß kann ein Tor nicht direkt erzielt werden.

Anstoß

Übung 1

Organisation: Der ausführende Spieler spielt den Ball zu seinem Mitspieler (1), der den Ball zurückspielt auf einen Mittelfeldspieler (2) und dann mit einem weiten Pass einen aufgerückten Abwehrspieler (3) steil nach vorne anspielt (4) (s. Abb. 61).

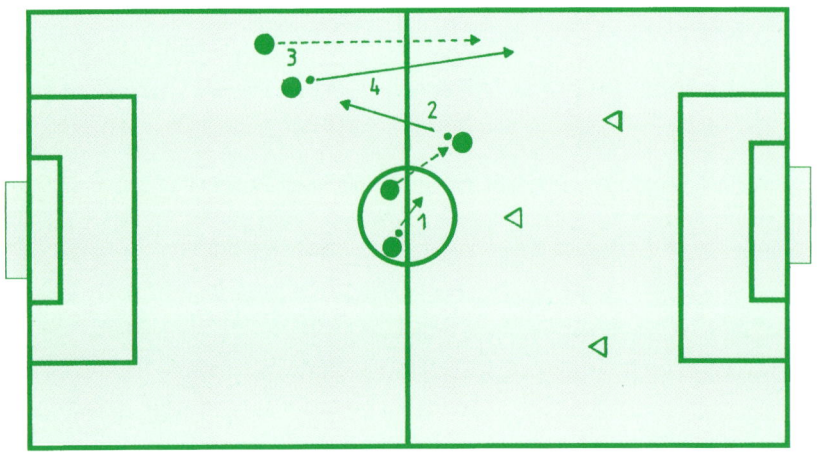

Abb. 61

Dauer/Intensität: Zwanzig Minuten mit kurzen Pausen und Rollentausch.
Material: Zwanzig Bälle.

Anstoß

Übung 2
Organisation: Der ausführende Spieler spielt den Ball zu seinem Mitspieler (1), der den Ball direkt auf einen nach vorne gesprinteten Spieler (2) spielt (3) (s. Abb. 62).

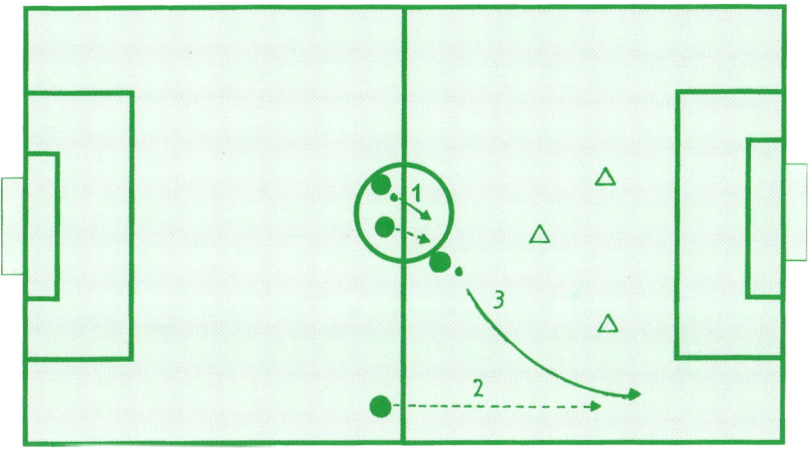

Abb. 62

Dauer/Intensität: Zwanzig Minuten mit kurzen Pausen und Rollentausch.
Material: Zwanzig Bälle.
Tipp: Als Vorübung können weite Flankenbälle trainiert werden.

Anstoß

Übung 3

Organisation: Der ausführende Spieler spielt den Ball zu seinem Mitspieler (1) und sprintet sofort in Richtung Strafraum (2) wo er sofort auf das Tor schießt (3) (s. Abb. 63).

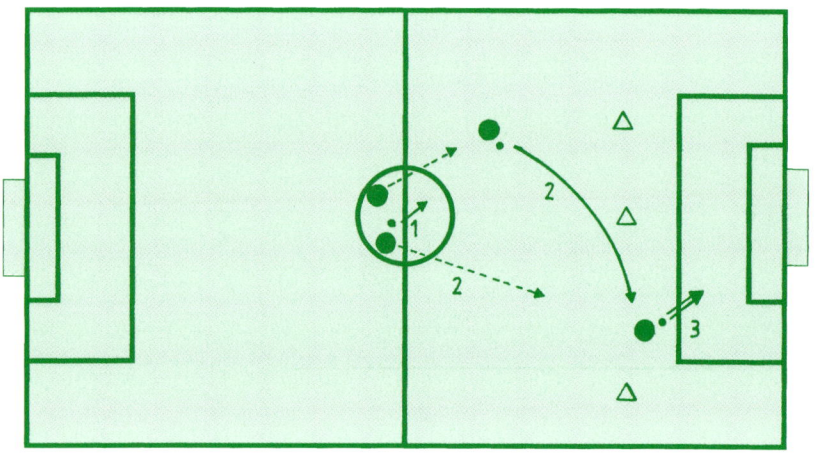

Abb. 63

Dauer/Intensität: Zwanzig Minuten mit kurzen Pausen und Rollentausch.
Material: Zwanzig Bälle.

Anstoß

Übung 4

Organisation: Der ausführende Spieler spielt den Ball zu seinem Mitspieler (1), der den Ball zurückspielt (2) auf einen weiteren Spieler. Dieser spielt den Ball quer zu einem nach vorne startenden Spieler (3), der ein Dribbling gegen zwei Gegner versucht (4) (s. Abb. 64).

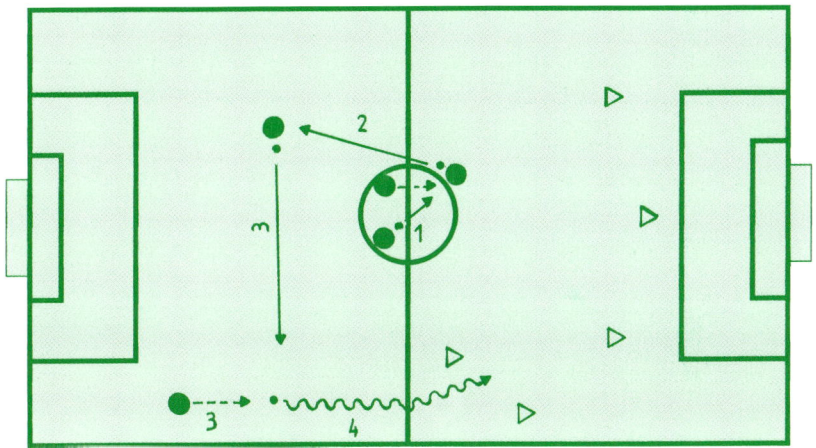

Abb. 64

Dauer/Intensität: Zwanzig Minuten mit kurzen Pausen und Rollentausch.
Material: Zwanzig Bälle.

Anstoß

Übung 5
Organisation: Der ausführende Spieler lupft den Ball zu einem Mitspieler, der den Ball direkt auf die rechte Seite in den Lauf eines weiteren Spielers flankt (2) (s. Abb. 65).

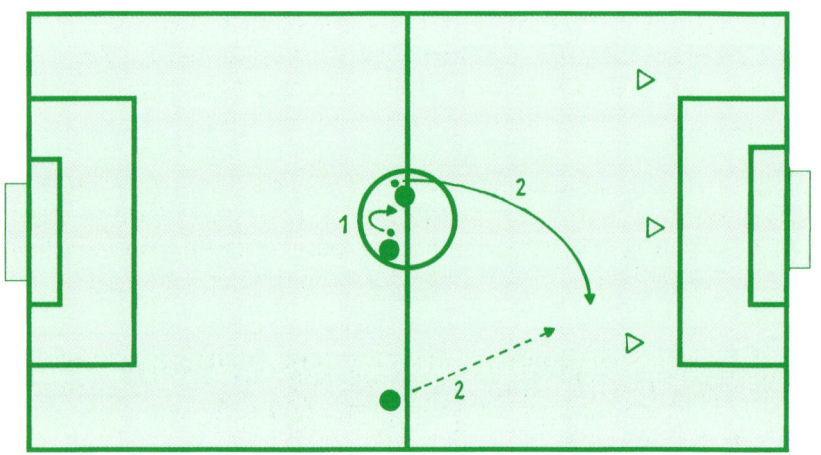

Abb. 65

Dauer/Intensität: Zwanzig Minuten mit kurzen Pausen und Rollentausch.
Material: Zwanzig Bälle.

15 Standardsituation Doppelpass

Der Doppelpass zählt im Allgemeinen nicht zu den Standardsituationen. Unter spieltechnischen Gesichtspunkten ergeben sich während des Spiels immer wieder Doppelpasssituationen, die, wenn sie effektiv trainiert werden, zur Standardtechnik automatisiert werden können.

Der Doppelpass ist eine der wirkungsvollsten Spielaktionen, um den Gegner schnell und präzise auszuspielen. Voraussetzung für einen technisch sauberen Doppelpass ist das sichere Spiel mit der Innenseite. Der Doppelpass kann sowohl aus dem ruhenden Ball als auch in der Bewegung gespielt werden.

Der mehrfache Doppelpass, auch als Doppelpasswelle bezeichnet, zählt im Spiel zu den effektivsten und schnellsten Möglichkeiten, den Ball zu spielen.

Da die Technik des Doppelpasses immer wieder geübt werden muss, nehmen wir ihn mit zu den Standardsituationen dazu.

Der Doppelpass erfordert eine hohe technische Perfektion und ein genaues Timing beim Passgeber sowie eine exakte Fuß- und Körperhaltung beim Wandspieler. Laufgeschwindigkeit und Passgenauigkeit müssen sorgfältig aufeinander abgestimmt werden. Nur so ist ein Doppelpass in höchstem Spieltempo möglich.

Doppelpass

Übung 1

Organisation: Zwei Spieler A und B stellen sich im Abstand von 5 m auf. Spieler A spielt einen Pass in den Lauf von Spieler B (1 u. 2). Spieler B' spielt einen Pass in den Lauf von A'(3 u. 4). Spieler A' spielt einen Pass zu Spieler B', usw. (5 u. 6) (s. Abb. 66).

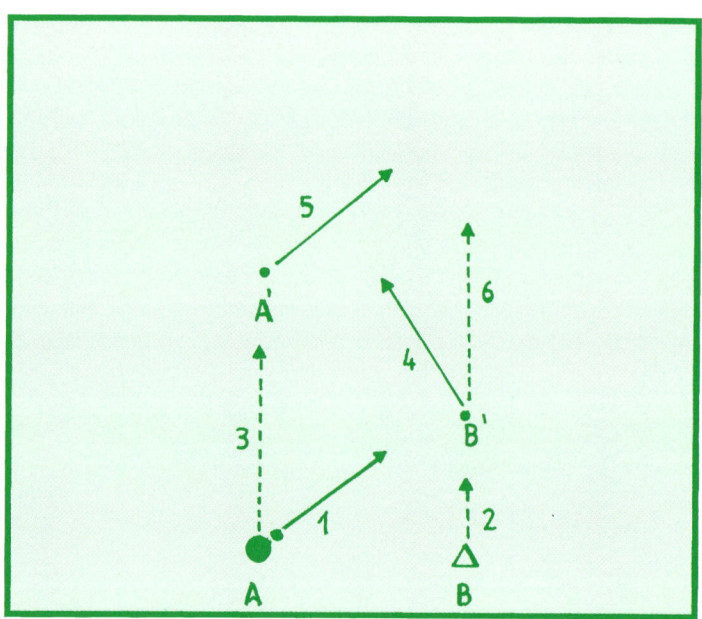

Abb. 66

Dauer/Intensität: 20-30 Wiederholungen mit kurzen Pausen und Seitenwechsel.
Material: Ein Ball / Paar.
Hinweis: Diese Übung dient als Vorübung zum eigentlichen Doppelpass.
Eine umgekippte Bierbank kann als Doppelpasshilfe im Schüler- und Jugendbereich gute Dienste leisten.

Doppelpass

Übung 2

Organisation: Spieler A spielt aus dem Stand einen Pass zu Spieler B (1 u. 2), der den Ball seitlich abprallen lässt (3) sodass der Ball von Spieler A wieder angenommen wird und anschließend durch drei Slalomstangen an den Ausgangspunkt zurückgeführt wird (4) (s. Abb. 67).

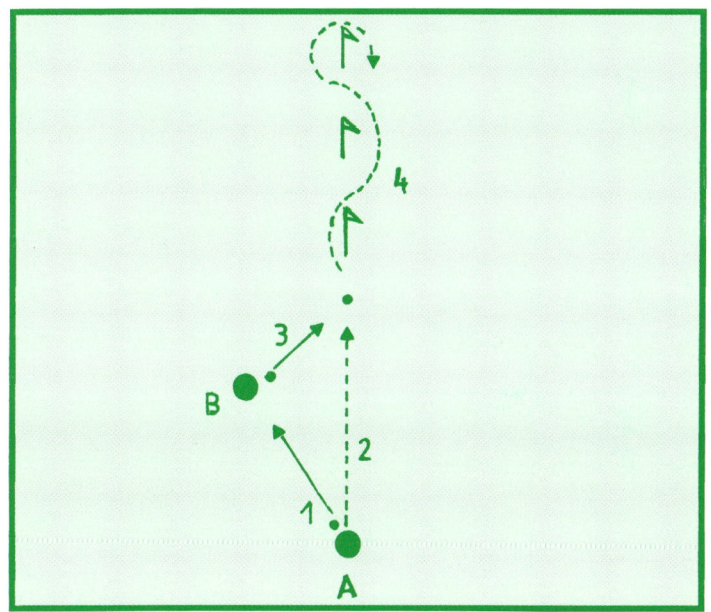

Abb. 67

Dauer/Intensität: 20-30 Wiederholungen mit kurzen Pausen, Rollentausch und Seitenwechsel (der Wandspieler steht auf der anderen Seite).

Material: Ein Ball, drei Fahnenstangen.

Doppelpass

Übung 3

Organisation: Spieler A spielt einen Pass zu Spieler B (1), läuft um Spieler C (2) und erhält den Ball von Spieler B in den Lauf gespielt (3) (s. Abb. 68).

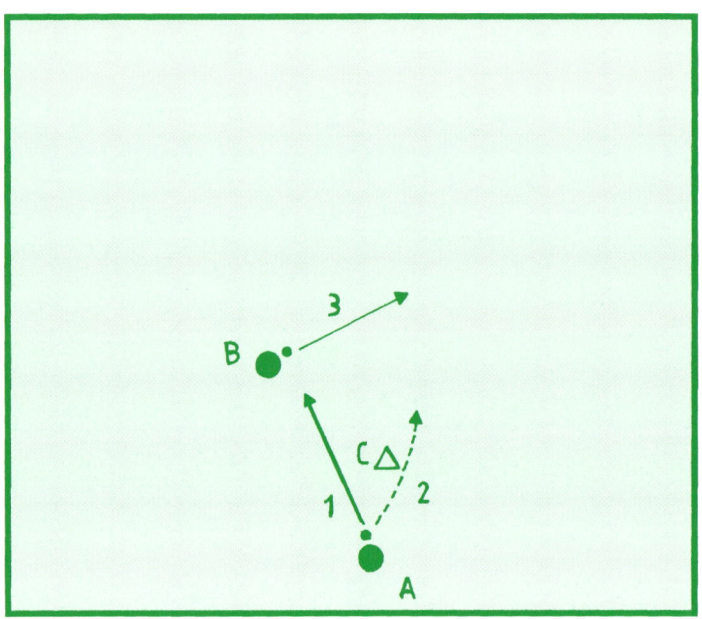

Abb. 68

Dauer/Intensität: 20-30 Wiederholungen mit Rollentausch und Seitenwechsel.
Material: Ein Ball.
Tipp: Abwehrspieler C agiert bei den ersten Übungen eher passiv.

Doppelpass

Übung 4

Organisation: Spieler A spielt einen Pass zu Spieler B, läuft an Spieler C vorbei (1 u. 2) und erhält den Ball von Spieler B in den Lauf gespielt (3). Spieler A' spielt einen zweiten Doppelpass mit Spieler D (4, 5, 6) (s. Abb. 69).

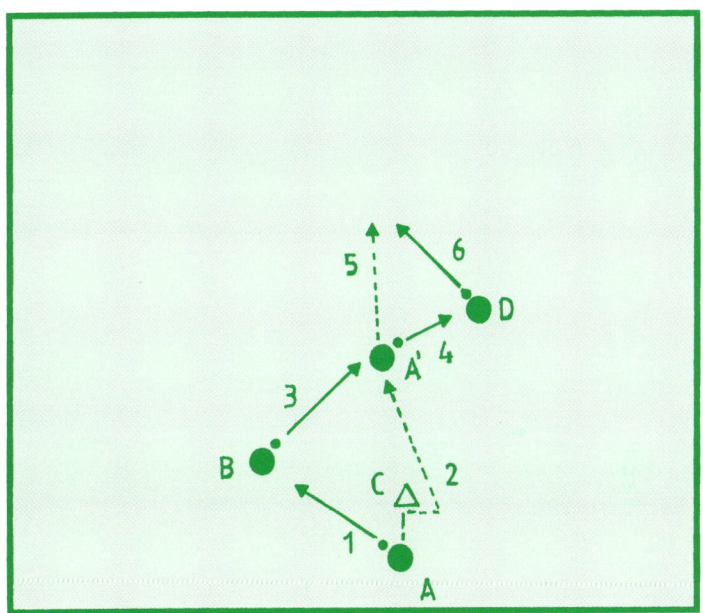

Abb. 69

Dauer/Intensität: 20-30 Wiederholungen mit Rollentausch.
Material: Ein Ball.
Tipp: Abwehrspieler C bleibt zuerst passiv.
Variante 1: Nach dem zweiten Doppelpass soll ein Torschuss erfolgen.
Variante 2: Nach dem zweiten Doppelpass soll ein Dribbling 1:1 erfolgen.

Doppelpass

Übung 5
Organisation: Spieler A führt den Ball durch zwei Slalomstangen auf den Abwehrspieler B zu und spielt einen Pass zu Spieler C (2). Spieler A' erläuft den Pass (3) von Spieler C und spielt einen weiteren Doppelpass mit Spieler E (4) (s. Abb. 70).

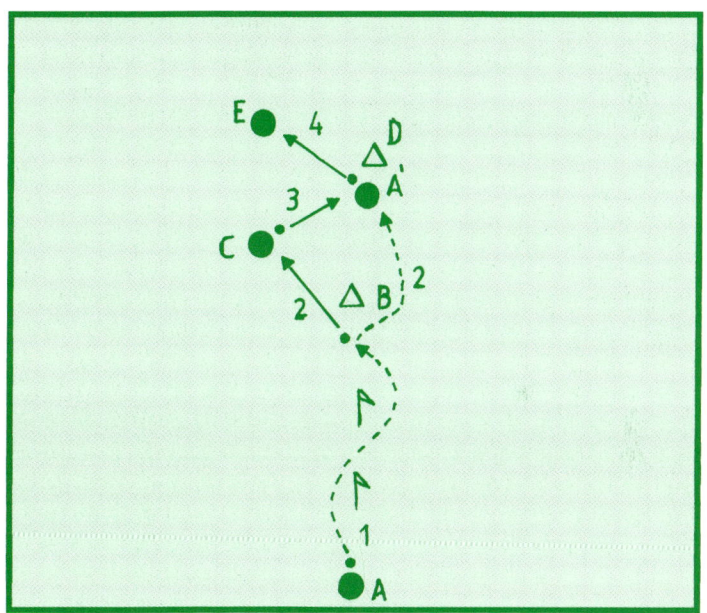

Abb. 70

Dauer/Intensität: 20-30 Wiederholungen mit Rollentausch.
Material: Ein Ball, zwei Fahnenstangen.

Doppelpass

Übung 6

Organisation: Spieler A spielt eine weite Flanke auf Spieler B (1), der mit Spieler C einen Doppelpass spielt (2), sich sofort wieder freiläuft (2 u. 3) und direkt nach der Ballannahme ein Dribbling gegen Spieler D (4) versuchen muss (s. Abb. 71).

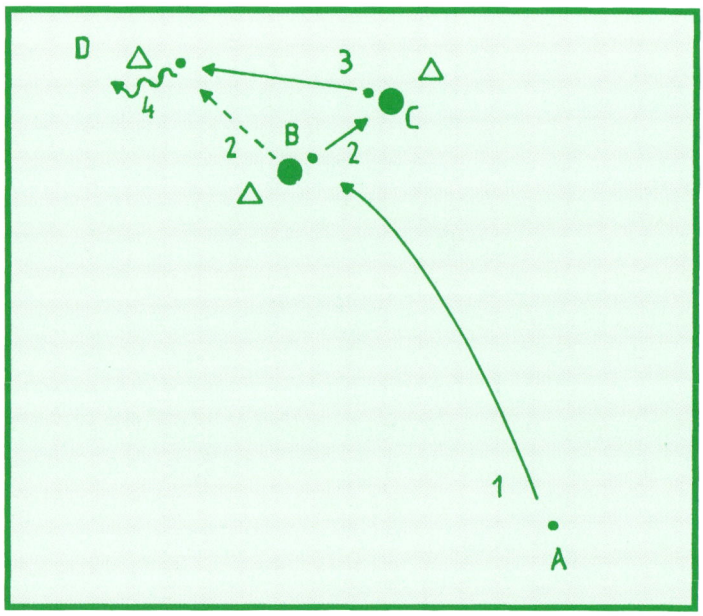

Abb. 71

Dauer/Intensität: 20-30 Wiederholungen mit Rollentausch.
Material: Ein Ball.

Doppelpass

Übung 7

Organisation: Der Trainer wirft Spieler A hohe Bälle zu (1), die der Spieler stoppen muss. Anschließend soll er sofort ein Dribbling gegen den Abwehrspieler B beginnen. Er führt den Ball auf Spieler C zu (2) und spielt einen Doppelpass mit Spieler D (3 u. 4) (s. Abb. 72).

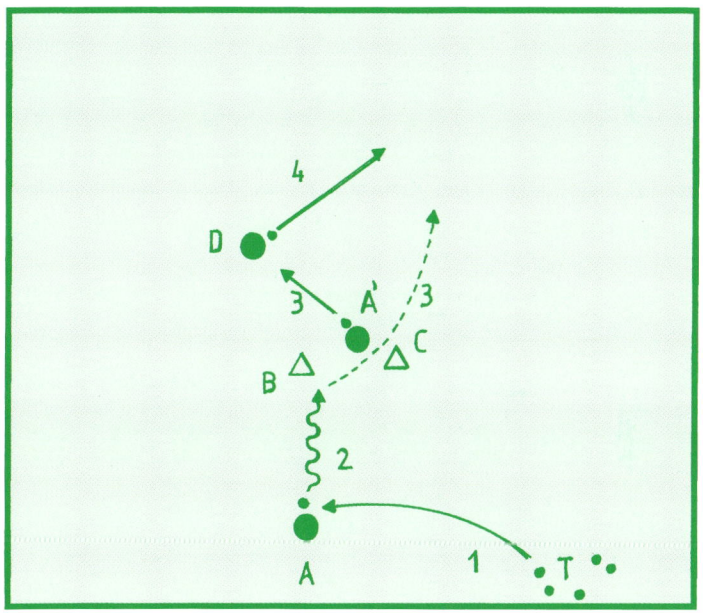

Abb. 72

Dauer/Intensität: 20-30 Wiederholungen mit Rollentausch.
Material: Zwanzig Bälle.

Doppelpass

Übung 8

Organisation: Zwei Zuspieler A und B spielen dem Spieler C flache Pässe zu (1 u. 2), die dieser erlaufen muss. Spieler C soll dann sofort einen Doppelpass mit Spieler E und F spielen (3 u. 4). Der Abwehrspieler D deckt Spieler C ,press' (s. Abb. 73).

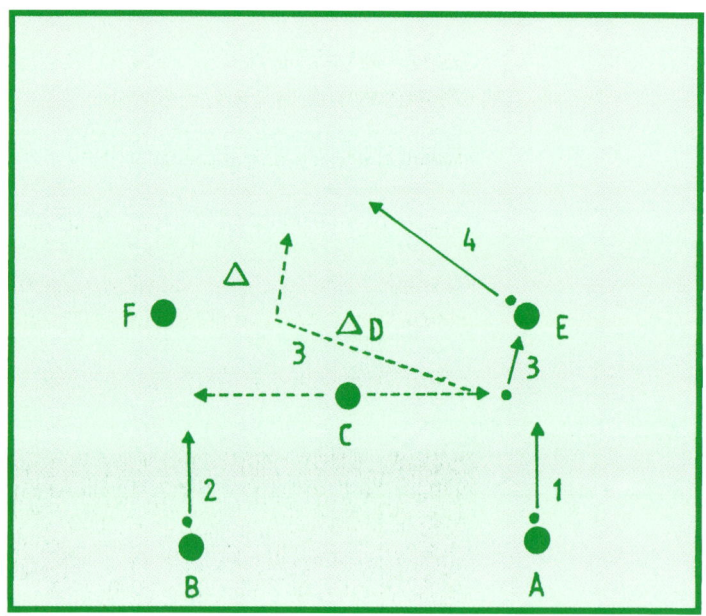

Abb. 73

Dauer/Intensität: 20-30 Wiederholungen mit Rollentausch.

Material: Zehn Bälle.

Hinweis: Der Doppelpass kann auch mit dem Spieler F gespielt werden.

Variante: Die zwei Zuspieler A und B werfen den Ball halbhoch oder hoch zu.

Doppelpass

Übung 9

Organisation: Spiel 4:4 + zwei neutrale Spieler. Die neutralen Spieler spielen immer bei der Mannschaft mit, die gerade in Ballbesitz ist. Sie dürfen den Ball aber nur direkt weiterspielen (Doppelpass) (s. Abb. 74).

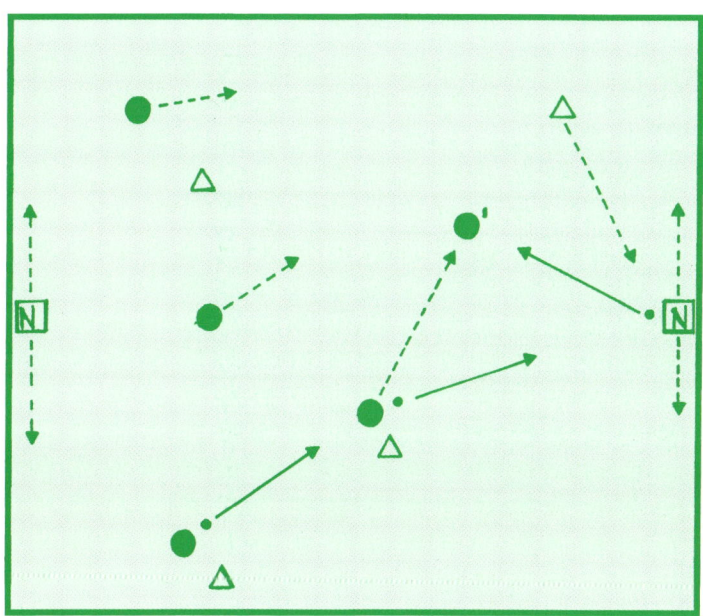

Abb. 74

Dauer/Intensität: 5 x 5 Minuten mit kurzen Pausen und aktiver Ballarbeit.

Material: Mehrere Bälle, vier grüne, vier blaue und zwei rote Trikots.

Variante 1: Die neutralen Spieler müssen stationär bleiben.

Variante 2: Die Mannschaft in Unterzahl darf den Ball dribbeln und viele Ballkontakte pro Spieler haben.

Variante 3: Das Spiel kann auch auf kleine Tore gespielt werden.

Variante 4: Ein Torerfolg ist nur gültig bei vorangegangenem Doppelpass.

Doppelpass

Übung 10

Organisation: Spieler A spielt einen Pass auf Spieler B (1), sprintet in Richtung Strafraum (2), erhält den Ball von B zurück (3) und leitet ihn weiter auf Spieler C (4), der sofort auf das Tor schießt (5) (s. Abb. 75).

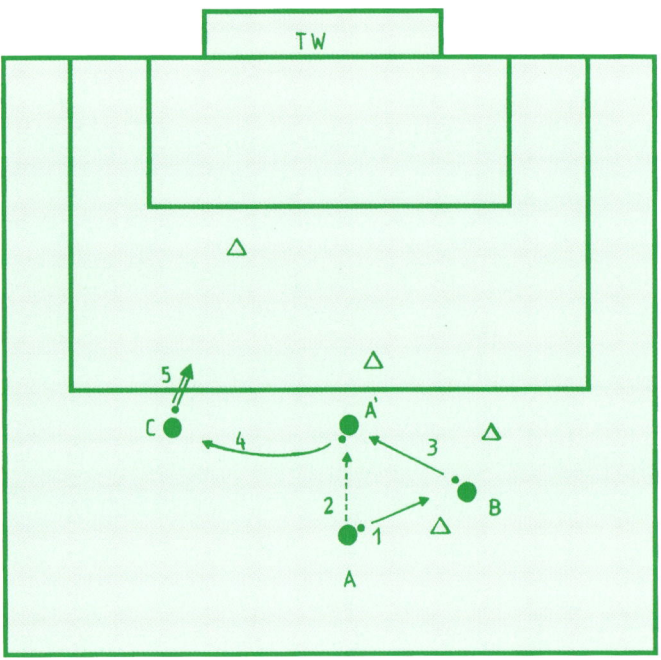

Abb. 75

Dauer/Intensität: 20-25 Minuten mit kurzen Pausen und Rollentausch.
Material: Zehn Bälle.

Doppelpass

Übung 11

Organisation: Spiel 4:4 und zwei Torhüter auf zwei große Tore auf dem halben Feld. Der Torwart eröffnet das Spiel und die anderen Angreifer sollen möglichst im Doppelpassspiel den Ball in Richtung gegnerisches Tor spielen (1–5) (s. Abb. 76).

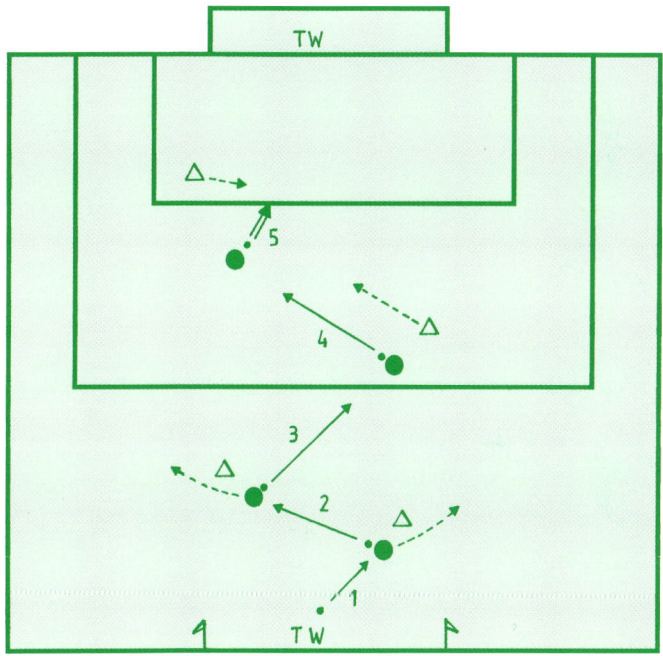

Abb. 76

Dauer/Intensität: 20-25 min mit kurzen Pausen.

Material: Ein Ball, jeweils farbige Trikots für die Vierermannschaften.

16 Standardsituation 1:1

Der Zweikampf um den Ball hat im modernen Spiel große Bedeutung erlangt, sind es doch die gewonnenen Zweikämpfe einer Mannschaft, die über Sieg und Niederlage entscheiden.

Hohes Spieltempo und enge Spielräume, vor allem im Mittelfeld, fordern ein gut ausgeprägtes Zweikampfverhalten 1:1. Ein schwaches Zweikampfverhalten einzelner Spieler oder ganzer Mannschaftsteile wirkt sich unmittelbar negativ auf das Spielergebnis aus.

Nur der Spieler, der im entscheidenden Moment den Zweikampf sucht und gewinnt, kann für sich und sein Team einen Vorteil daraus ziehen.

Die Zweikampfsituation setzt nicht nur eine ausgezeichnete Athletik voraus, sondern erfordert auch ein individuell geschicktes taktisches Verhalten.

Spielintelligenz und Kreativität entscheiden nicht selten über den Ausgang des Zweikampfes.

Schon bei den Kleinen sollte mit einer spielgemäßen, aber auch isolierten Trainingsarbeit begonnen werden. Der Wettspielgedanke sollte dabei im Vordergrund stehen. Wer gewinnt die meisten Dribblings? Wer macht die schnellsten Dribblings? Wer dribbelt am ideenreichsten?

Der Zweikampf um den Ball wird sowohl im Angriff als auch in der Abwehr gefordert.

Die Eroberung des Balls und das Verhindern von Torchancen für den Gegner sind die wichtigsten Elemente der Zweikampfschulung.
   Ballsicherung und Erarbeiten von Tormöglichkeiten sind die Ziele des Zweikampfes im Angriff.

Auch durch spielgemäße Übungen kann das Zweikampfverhalten trainiert und verfeinert werden. Am Anfang der Zweikampfschulung sollte jedoch das isolierte Üben 1:1 stehen, um bestimmte Körperfinten und Täuschungsmanöver zu üben. Im Wettspiel können anschließend die ausgedachten Tricks kreativ und situationsbezogen angewendet werden.

1:1

Übung 1

Organisation: Zwei Spieler stehen sich im Abstand von 15 m gegenüber. Auf ein Zeichen des Trainers laufen die beiden Spieler aufeinander zu und versuchen, durch eine Oberkörpertäuschung am anderen Spieler vorbeizulaufen.

Diese Übung eignet sich hervorragend, um Täuschungsmanöver ohne Ball durchzuführen (s. Abb. 77). Gutes Warm-up sollte selbstverständlich sein.

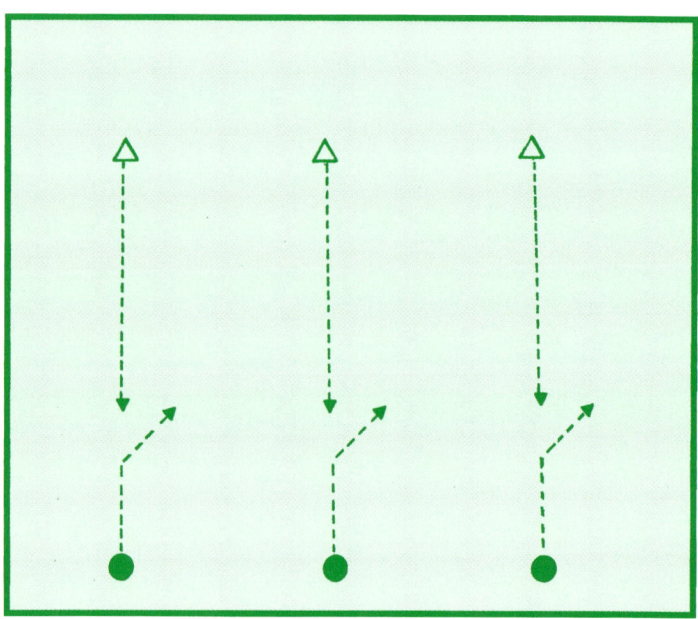

Abb. 77

Dauer/Intensität: 5-10 Minuten mit kurzen Pausen und Partnertausch.
Material: Ein Ball pro Paar.

1:1

Übung 2

Organisation: Zwei Spieler stehen sich im Abstand von 15 m gegenüber. Beide Spieler laufen auf Kommando des Trainers aufeinander zu. Der ballführende Spieler versucht, den anderen auszuspielen (s. Abb. 78).

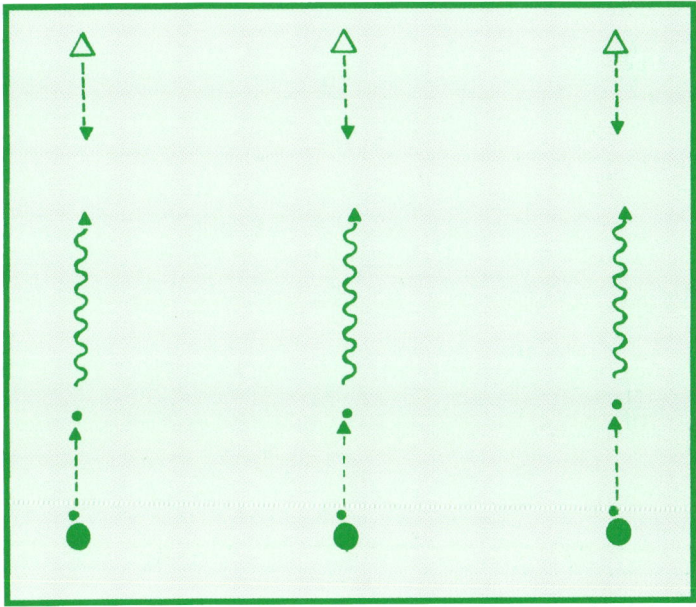

Abb. 78

Dauer/Intensität: 5-10 Minuten mit kurzen Pausen und Partnertausch.
Material: Ein Ball pro Paar.

1:1

Übung 3

Organisation: Zwei Spieler stehen sich im Abstand von 15 m gegenüber. Ein dritter Spieler wirft einen Ball zwischen beide. Jeder Spieler versucht, als Erster am Ball zu sein, um den Gegner zu umdribbeln (s. Abb. 79).

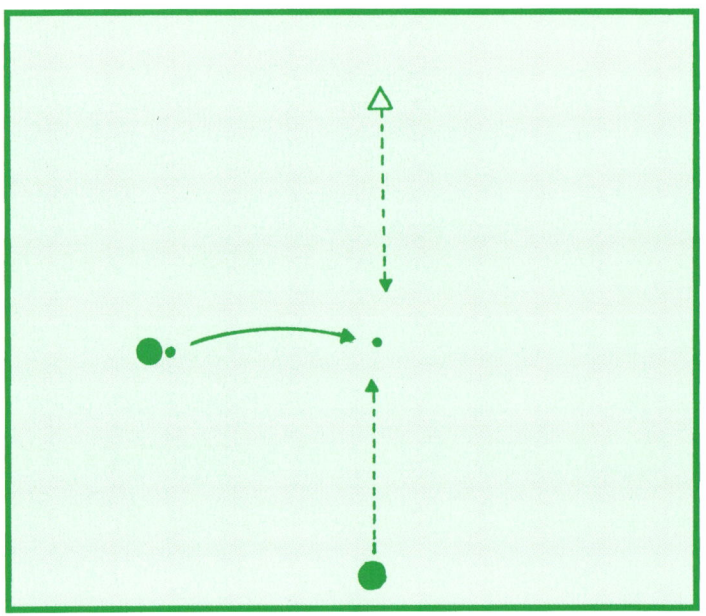

Abb. 79

Dauer/Intensität: 5-10 Minuten mit kurzen Pausen und Rollentausch.
Material: Ein Ball pro Dreiergruppe.
Variante: Der Ball wird flach zugespielt.

1:1

Übung 4
Organisation: Zwei Spieler stehen nebeneinander. Einer der beiden spielt den Ball aus der Hand nach vorne (1). Beide Spieler sprinten zum Ball (2) und spielen 1:1 (3) (s. Abb. 80).

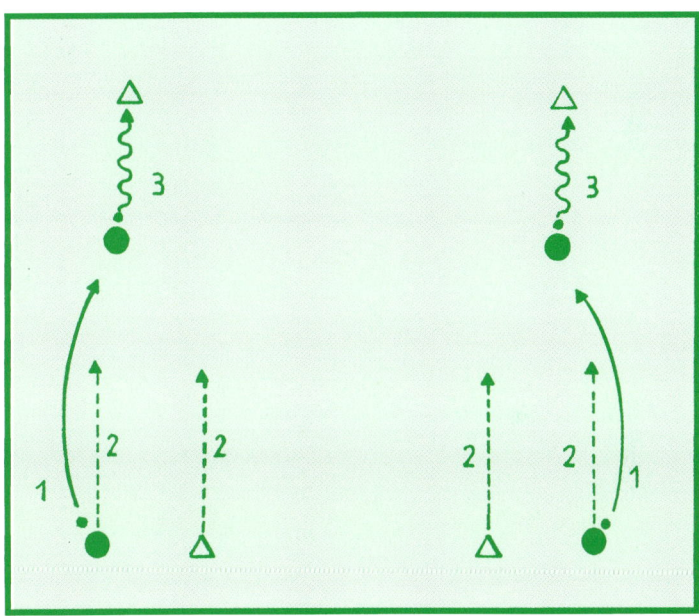

Abb. 80

Dauer/Intensität: Zwanzig Wiederholungen mit Partnertausch.
Material: Ein Ball pro Paar.
Variante 1: Der Ball wird hoch nach vorne geworfen.
Variante 2: Beide Spieler stehen mit dem Rücken in Wurfrichtung. Einer der beiden Spieler wirft den Ball mit beiden Händen über den Kopf nach hinten. Beide Spieler versuchen, aus der Drehung den Ball im Sprint zu erreichen.
Variante 3: Der Ball wird von einem dritten Spieler zwischen die beiden nach vorne gespielt, geworfen oder aufgeprellt.

1:1

Übung 5
Organisation: Spiel 1:1 auf kleine Tore, die 15 m voneinander entfernt stehen (s. Abb. 81).

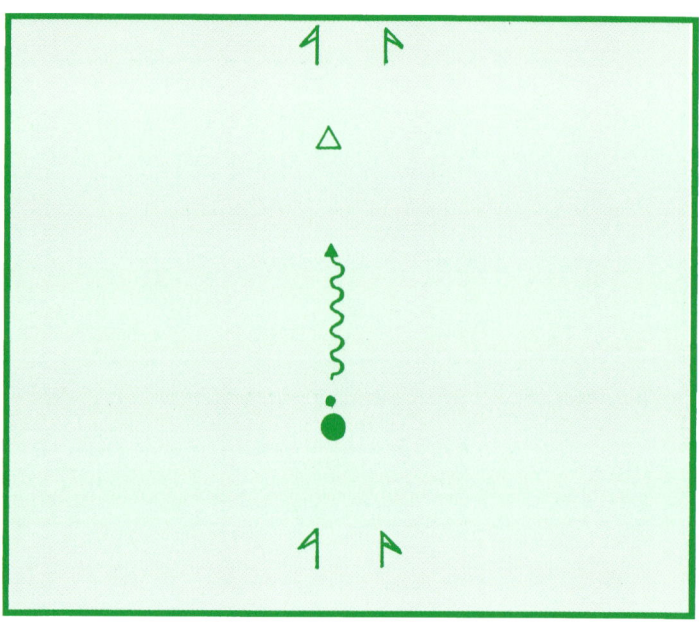

Abb. 81

Dauer/Intensität:	Dreißig Sekunden bis eine Minute mit Partnertausch. Zehn Wiederholungen, je nach Leistungsstand und Alter.
Material:	Ein Ball pro Paar, vier Torstangen o. Ä.
Variante:	Tore können von vorne und hinten erzielt werden.
Tipp:	Nach jeder Wiederholung genügend lange Pausen zur Regeneration einlegen (psychophysische Erholung).

1:1

Übung 6

Organisation: Zwei Spieler stehen 10 m vom Strafraum entfernt nebeneinander. Der Trainer wirft einen Ball, den beide erlaufen und im Zweikampf mit Torschuss beenden sollen (s. Abb. 82).

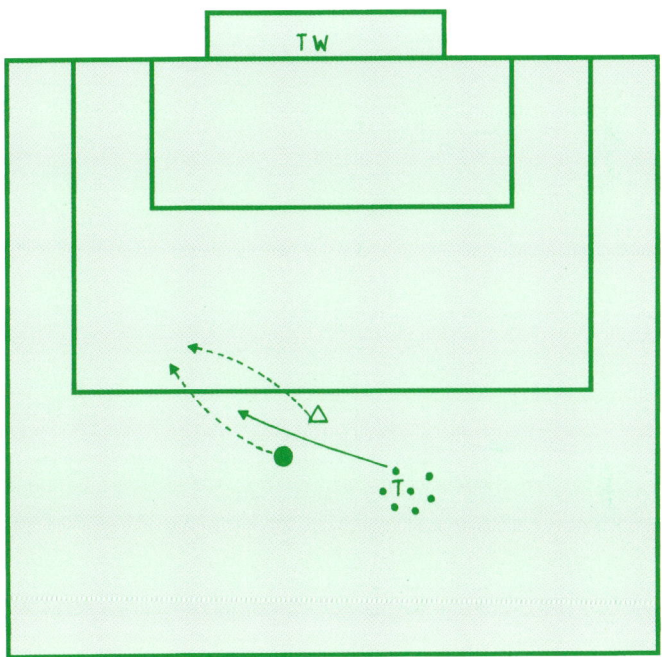

Abb. 82

Dauer/Intensität: Zehn Wiederholungen pro Paar und Partnertausch.
Material: Zwanzig Bälle.
Variante: Aufstellung wie vor, Blick zum Trainer, der im Mittelkreis steht, den Ball flach zuspielt und halbhoch oder hoch zuwirft.

1:1

Übung 7

Organisation: Acht Spieler stehen in einem Viereck, während zwei Spieler 1:1 spielen (1). Die außen stehenden Spieler können als Anspielpartner benutzt werden (2). Die Außenspieler dürfen den Ball aber nur direkt spielen (s. Abb. 83).

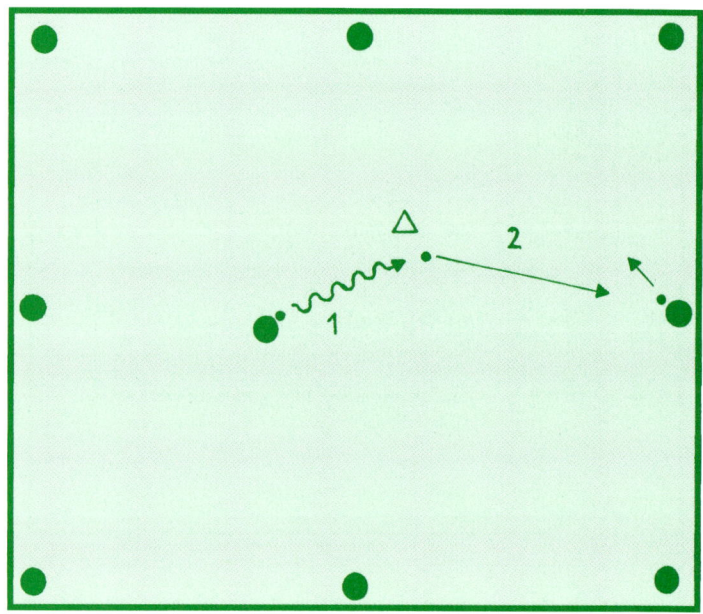

Abb. 83

Dauer/Intensität: Dreißig Sekunden Belastung und Rollentausch mit den Außenspielern.

Material: Ein Ball, vier Markierungshütchen.

Variante: Die Außenspieler dürfen zwei Kontakte am Ball haben.

1:1

Übung 8

Organisation: Zwei Spieler spielen 1:1 zwischen Strafraum und Seitenauslinie.

Der ballführende Spieler dribbelt sich bis zur Torauslinie durch (1) und flankt auf die andere Seite (2), wo zwei Spieler entlang der Seitenauslinie auf- und abtraben (3). Nachdem die Flanke gespielt ist, versuchen beide, an den Ball zu kommen und eine Toraktion einzuleiten (s. Abb. 84).

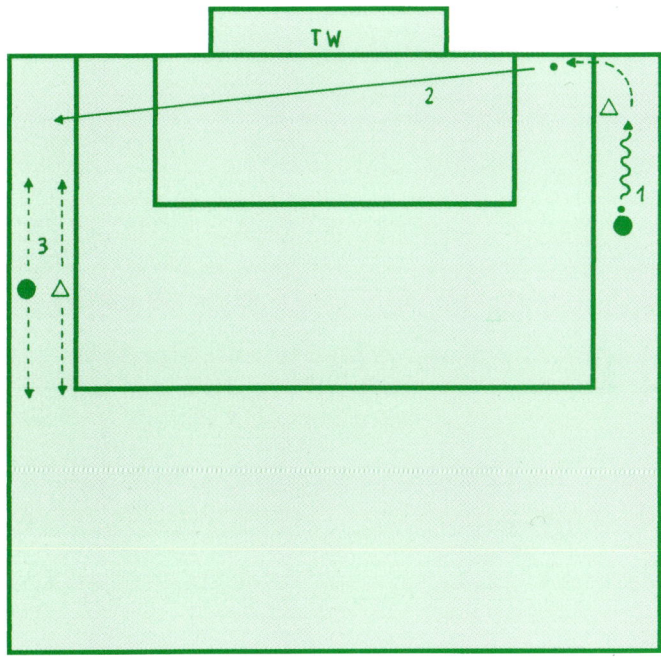

Abb. 84

Dauer/Intensität: 10-20 Wiederholungen mit Rollentausch und kurzen Pausen.

Material: Ein Ball.

Variante: Je zwei Spieler bilden ein Paar, das zusammen spielt (farbige Trikots dienen der Unterscheidung).

1:1

Übung 9
Organisation: Zwei Spielerpaare traben zwischen Strafraum und Seitenauslinie auf und ab (1).
Der Trainer spielt plötzlich einen hohen Flankenball auf eines der Paare (2).
Beide Spieler müssen dann 1:1 spielen und mit Toraktion abschließen (3 u. 4) (s. Abb. 85).

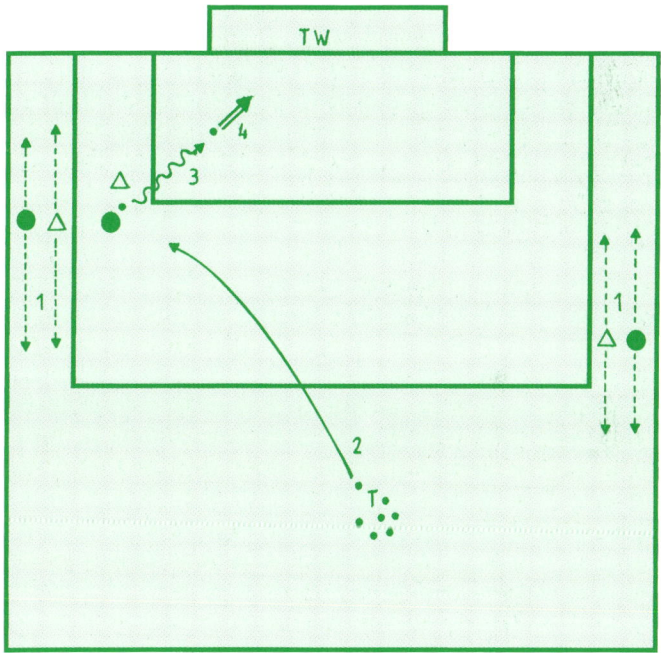

Abb. 85

Dauer/Intensität: 10-15 Bälle / Übungspaar mit kurzen Pausen.
Material: Fünfzehn Bälle.

1:1

Übung 10

Organisation: Je vier Spieler stehen hintereinander an der Torauslinie (1). Auf Kommando sprinten die beiden ersten Spieler durch die Fahnenstangen in Richtung Strafraumgrenze (2).

Der Trainer spielt einen flachen Pass zu (3) und die beiden Spieler müssen 1:1 spielen (4) (s. Abb. 86).

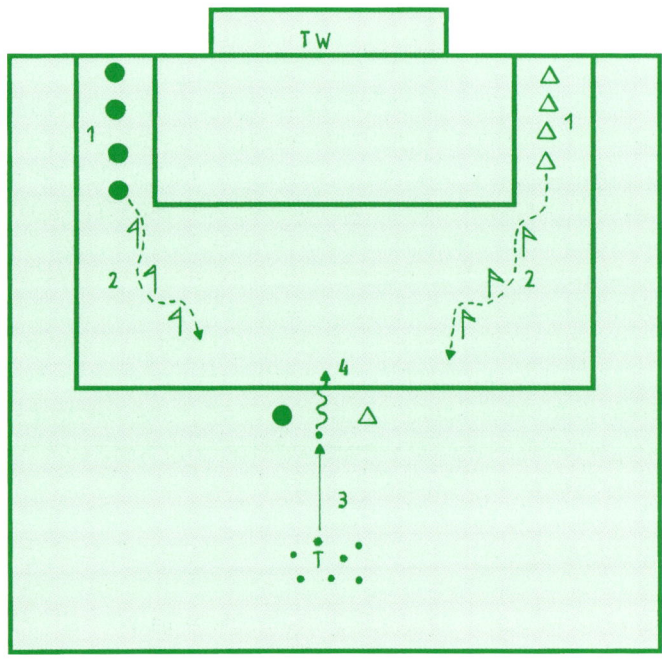

Abb. 86

Dauer/Intensität: 10-15 Wiederholungen pro Paar.
Material: Zwanzig Bälle, sechs Fahnenstangen.
Variante: Der Trainer variiert das Anspiel.

17 Standardsituation Rückpass zum Torwart

Der Rückpass zum eigenen Torwart entsteht in der Regel aus einer Notsituation des Abwehrspielers, der ein Abspiel nach vorne nicht ausführen kann. Diese Situation ergibt sich meistens dann, wenn die angreifende Mannschaft das andere Team sehr stark im Mittelfeld mit Pressing attackiert. Die Räume sind eng und ein kontrolliertes und sicheres Zuspiel ist nur sehr schwer möglich. Der Rückpass zum eigenen Torwart stellt dann die einzige Möglichkeit dar, den Ball sicher in den eigenen Reihen zu halten und von hinten heraus einen Befreiungsschlag zu machen oder ein gezieltes Aufbauspiel zu beginnen.

Diese Spielsituation tritt im Laufe eines Spiels standardmäßig auf und fordert so immer gleiche oder ähnliche Verhaltensweisen bei den Abwehrspielern und dem Torwart.

Ein sicheres Aufbauspiel ist deshalb nur dann möglich, wenn der Torwart über technisch gute Fähigkeiten, Ballsicherheit, gutes Timing, schnelle Reaktion und Coolness verfügt.

Der Torwart sollte deshalb immer das Spiel aufmerksam verfolgen, um taktisch richtig zu handeln.

Der Abwehrspieler sollte beim Rückpass folgende Grundsätze beachten:
- Den Ball möglichst flach zurückspielen, da der Torwart den Ball nur mit dem Fuß spielen darf.
- Den Ball möglichst seitlich neben das Tor zurückspielen.
- Nach dem Rückpass sich sofort wieder seitlich zum Anspiel anbieten.
- Den Blickkontakt mit den eigenen Spielern herstellen.
- Die gegnerischen Angreifer beobachten.
- Die Laufwege untereinander abstimmen.

Der Torwart sollte beim Rückpass folgende Grundsätze beachten:
- Das Spielgeschehen aufmerksam verfolgen.
- Hohe Konzentration bei der Ballannahme.
- Blickverbindung zum eigenen Mitspieler schon vor der Ballannahme aufbauen.
- Keine riskanten Techniken ausprobieren.
- Das Zuspiel sollte immer nach außen in Richtung Seitenauslinie erfolgen.
- Bei Bedrängung durch einen Gegner sollte ein Befreiungsschlag gemacht werden.

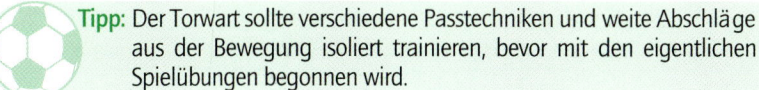

Tipp: Der Torwart sollte verschiedene Passtechniken und weite Abschläge aus der Bewegung isoliert trainieren, bevor mit den eigentlichen Spielübungen begonnen wird.

Rückpass zum Torwart

Übung 1

Organisation: Drei Spieler stehen dem Torwart gegenüber, der sich immer zur Seite bewegt (1). Er wird abwechselnd von den drei Spielern angespielt (2) und muss den Ball sicher zurückspielen (3) (s. Abb. 87).

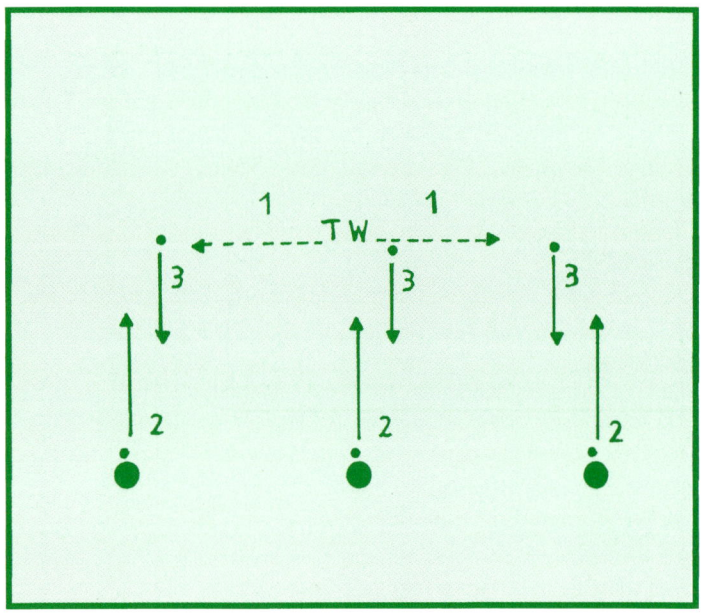

Abb. 87

Dauer/Intensität: Zehn Minuten mit kurzen Pausen.
Material: Drei Bälle.
Variante: Das Zuspiel zum Torwart wird forciert (kürzere Übungsphasen).

Rückpass zum Torwart

Übung 2

Organisation: Spiel 4:4 und ein Torwart auf dem Feld zwischen Strafraum und Mittellinie.

Die Abwehrspieler spielen sich den Ball unter einander sicher zu (1). Auf Kommando pressen die Angreifer die Abwehrspieler (2), sodass der Abwehrspieler gezwungen wird, den Ball zum Torwart zurückzuspielen (3). Zwei Abwehrspieler bieten sich sofort seitlich vom Torwart an (4) (s. Abb. 88).

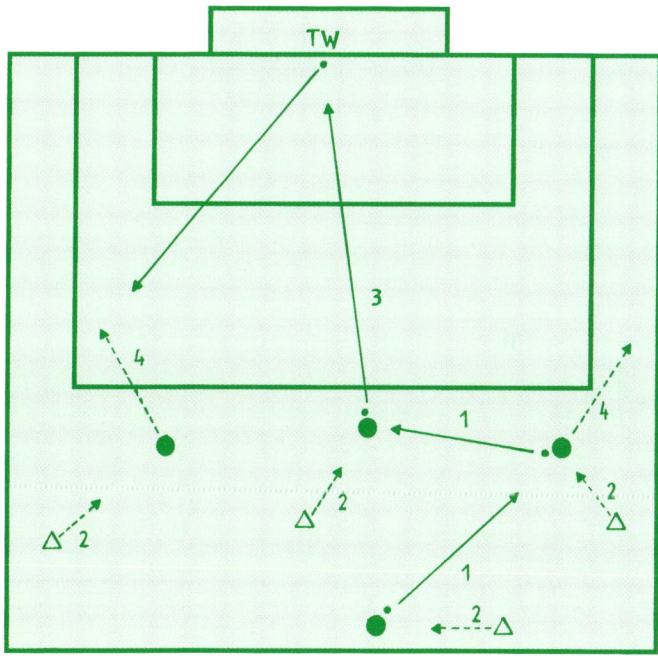

Abb. 88

Dauer/Intensität: Fünfundzwanzig Minuten mit Rollentausch und kurzen Pausen.
Material: Ein Ball, vier farbige Trikots.
Tipp: Das Pressing wird gemäßigt von den Angreifern durchgeführt, damit die Abwehrspieler den sicheren Rückpass üben können.

Rückpass zum Torwart

Übung 3

Organisation: Spiel 5:3 und ein Torwart. Bei Ballbesitz der Mannschaft A spielt die Mannschaft B Pressing (1) und zwingt Mannschaft A zum Rückpass mit dem Torwart (2).

Das Aufbauspiel von Team A beginnt beim Torwart (3) (s. Abb. 89).

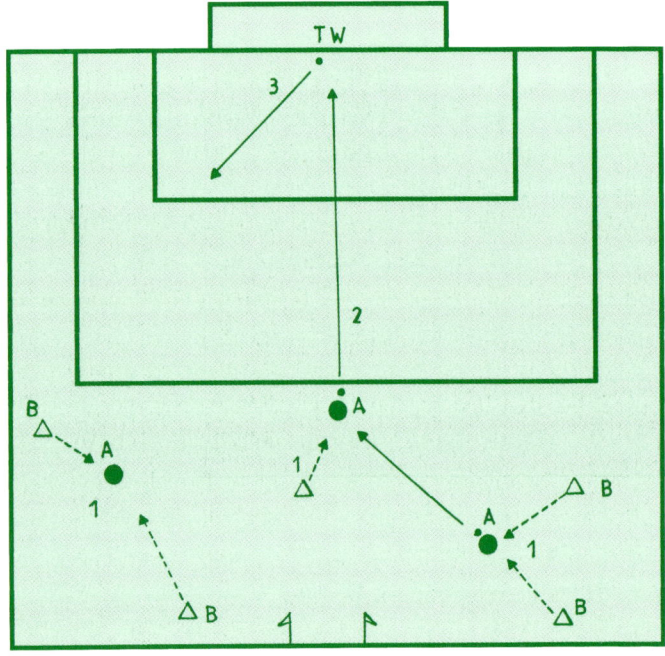

Abb. 89

Dauer/Intensität: Zwanzig Minuten mit kurzen Pausen und Rollentausch.

Material: Ein Ball, zwei Fahnenstangen, drei farbige Trikots und fünf weiße.

Rückpass zum Torwart

Übung 4
Organisation: Spiel 11:11 mit der Aufgabe für beide Mannschaften, die gegnerische Abwehr durch Pressing zum Rückpass zum Torwart zu zwingen.

Dauer/Intensität: 2 x 30 Minuten mit kurzer Pause.
Material: Ein Ball, elf farbige Trikots und elf weiße

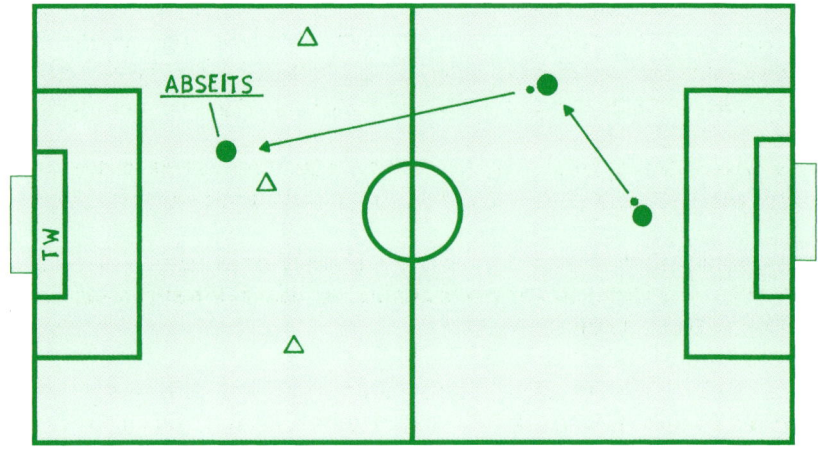

Abb. 90

18 Standardsituation Abseitsfalle

Im Fußball kommt der Abseitsregel eine besondere Bedeutung zu, da sie das Abwehrverhalten der Mannschaften taktisch positiv beeinflussen kann. Durch geschickte Aufteilung der Abwehrspieler und gemeinsames Aufrücken kann die gegnerische Mannschaft leicht ins Abseits gestellt werden.

Das Stellen einer Abseitsfalle ist aber auch mit Risiken verbunden, wenn der Schiedsrichter und die Assistenten nicht auf Abseits erkennen. Besonders im unteren Amateurbereich kommt es immer wieder zu Streitfällen, die den Spielausgang stark beeinflussen können.

Bei der Anwendung der Abseitsfalle müssen bestimmte Regeln beachtet werden.
    Eine Abseitsstellung liegt vor, wenn im Moment der Ballabgabe ein Spieler der angreifenden Mannschaft in der gegnerischen Hälfte näher der Torlinie steht als zwei Spieler der verteidigenden Mannschaft. Gleiche Höhe gilt nicht als abseits.

Eine passive Abseitsstellung liegt vor, wenn ein Spieler der angreifenden Mannschaft zwar im Abseits steht, aber nicht in das Spielgeschehen eingreift.

Die Abseitsregel ist aufgehoben, wenn der Ball vom Gegner zuletzt berührt wurde oder wenn er unmittelbar aus einem Einwurf, aus einem Schiedsrichterball oder aus einem Eckball kommt (s. Abb. 90).

Beim Trainieren einer Abseitsfalle ist das Zusammenspiel der Abwehrspieler untereinander (peripheres Sehen, optische und akustische Zeichen) von größter Bedeutung.

Es müssen folgende Bedingungen beachtet werden:

- Blickverbindung untereinander herstellen.

- Abseitsfalle erst dann auslösen, wenn die gegnerischen Stürmer und Mittelfeldspieler weit in die andere Spielhälfte aufgerückt sind und mit dem abgewehrten Ball sofort wieder angespielt werden sollen.

- Auf Kommando eines Abwehrspielers oder des Torwarts schnelles Aufrücken nach Abwehr des Balls.

Abseitsfalle

Übung 1

Organisation: Die ballbesitzende Mannschaft beginnt hinter der Mittellinie das Aufbauspiel durch direktes Zuspiel (1–4). Nachdem der Abwehrspieler den Ball nach vorne gespielt hat (5), sprinten alle Abwehrspieler gleichzeitig nach vorne (6) (s. Abb. 91).

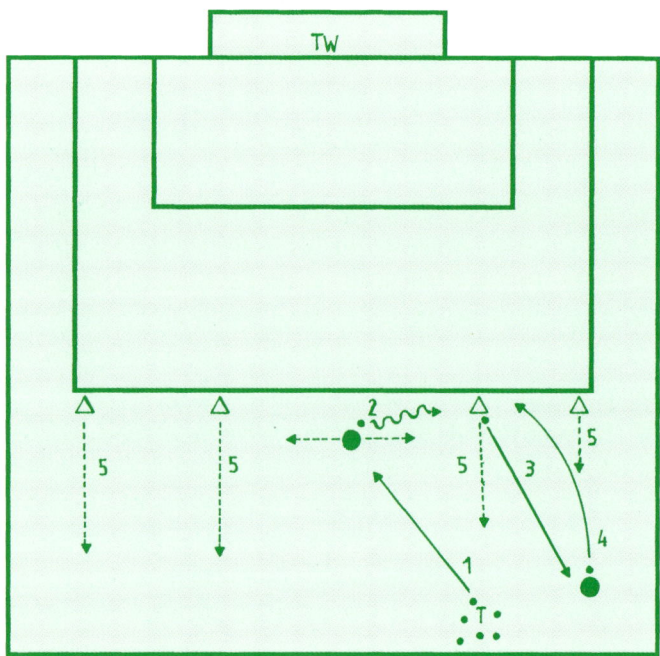

Abb. 91

Dauer/Intensität: 20-25 Minuten mit kurzen Pausen und Rollentausch.

Material: Zehn Bälle, fünf farbige Trikots.

Tipp: Das Zuspiel der Angreifer untereinander (1 - 4) sollte möglichst nicht durch die Abwehrspieler unterbunden werden.

Abseitsfalle

Übung 2

Organisation: Spiel 6:5 und zwei Torhüter. Die ballbesitzende Mannschaft beginnt hinter der Mittellinie das Aufbauspiel durch direktes Zuspiel (1-4). Nachdem der Abwehrspieler sich den Ball erkämpft hat, spielt er ihn sofort nach vorne (5). Alle Abwehrspieler sprinten im gleichen Moment nach vorne (6) und stellen den Angreifer ins Abseits (s. Abb. 92).

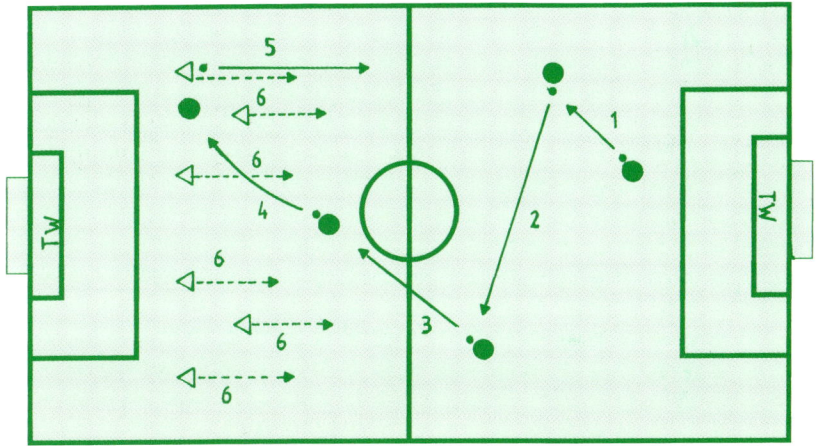

Abb. 92

Dauer/Intensität: 20-25 Minuten mit kurzen Pausen und Rollentausch.

Material: Zehn Bälle, fünf farbige Trikots.

Tipp: Das Zuspiel der Angreifer untereinander (1-4) sollte möglichst nicht durch die Abwehrspieler unterbunden werden. Eine Unterweisung der Spieler an der Tafel erleichtert die Aufgabenstellung.

Variante 1: Spielerzahl verringern auf 4:3 o. Ä.

Variante 2: Spielfeldverkleinerung.

19 Symbole

Angreifer mit Ball / ohne Ball	· ●
Abwehrspieler mit / ohne Ball	· △
Torwart	T W
Trainer	T
Neutraler Spieler	N
Mauer	△△△△△
Pass	·——→
Flanke	·⌒→
Torschuss	·⇒
Dribbling	·∿∿→
Abpraller	⊂·→
Einwurf	·⌒→
Lauf / Sprint	·----→
Finte / Täuschung mit Ball	∿
Finte / Täuschung ohne Ball	∿
Heber / Anlupfen des Balles	·⌒↓
Elfmeterpunkt / Strafstoß	✕
Fahnenstange	⌐

20 Literatur

BISANZ, G./GERISCH, G.: Fußball – Training, Technik, Taktik. Reinbek bei Hamburg 1995.

FRANK, G: Trainingsprogramme Fußball. Aachen 1997.

FRANK, G.: Fußball – Kreatives Training. Aachen 1999.

KOLLATH, E: Fußballtechnik in der Praxis. Aachen 1991.

LOY, R.: Mit Standardsituationen zum Erfolg. In: fußballtraining 9/1997 und 10/97, Münster.

MAYER, R.: Fußball trainieren. Reinbek bei Hamburg 1996.

TRITSCHOKS, H.-J.: Verbesserung der Spielschnelligkeit. In: HAMSEN,G. (Red.): Juniorenfußball im Blickpunkt. 6. Jahrestagung der dvs-Kommission Fußball. Clausthal-Zellerfeld 1992, 201-205.

ZEITSCHRIFTEN:
fußballtraining, (Hrsg.) BISANZ, G., Münster.

Fußball

Jürgen Buschmann/Klaus Pabst/Hubertus Bussmann
Koordination –
Das neue Fußballtraining
Spielerische Formen für das Kinder- und Jugendtraining

Perfekte Ball- und Körperbeherrschung sowie koordinative Fähigkeiten gehören zu den leistungsbestimmenden Faktoren im Fußballspiel.
Im vorliegenden Buch werden dem Trainer zahlreiche koordinative Spiel- und Übungsformen aufgezeigt. Der Umgang mit dem Ball steht hierbei selbstverständlich im Vordergrund.

Neuheit 2000
120 Seiten, zahlr. Graf.
Broschur, 14,8 x 21 cm
ISBN 3-89124-625-0
DM 24,80/SFr 22,90/ÖS 181,-

Klaus Bischops/
Heinz-Willi Gerards
Tipps für Spiele mit
dem Fußball

Rund 200 Spielmöglichkeiten mit dem Sportgerät „Fußball" werden in diesem Buch vorgestellt. Diese Spielangebote sind konzipiert für alle Altersgruppen und zu den verschiedensten Gelegenheiten. So ist denn auch diese Sammlung von Spielen mit dem Fußball eine vielseitige Fundgrube für alle, die Freude am Spiel mit dem Ball haben.

2. Auflage 2000
112 Seiten, Zeichn.
Broschur, TB, 11,5 x 18 cm
ISBN 3-89124-080-5
DM 14,80/SFr 14,-/ÖS 108,-

MEYER & MEYER Verlag | Von-Coels-Straße 390 | D-52080 Aachen | Fax ++49 (0)2 41/9 58 10-10

01/01

Jozef Sneyers
Fußballtraining
Das Jahresprogramm

Mehr als tausend Ideen und Methoden für ein ganzes Trainingsjahr bietet dieser Band. Von der Vorsaison über die Saison bis zur abschließenden Ruheperiode steht der Fußballexperte Jozef Sneyers jedem interessierten Trainer zur Seite. Seine Sprache ist leicht verständlich, da er auf jegliches „Theoretisieren" verzichtet. So sichern die von ihm vorgeschlagenen Trainingseinheiten ein systematisches und erfolgreiches Training.

Engl. Ausgabe in Vorbereitung

5. Auflage 2000
306 Seiten, über 800 Zeichn.
geb., 14,8 x 21 cm
ISBN 3-89124-073-2
DM 34,-/SFr 31,-/ÖS 248,-